U0505223

教育现代化视域下学习型城市建设的理论框架与评价策略

国卉男 著

Theoretical Framework and
Evaluation Strategies for
the Construction of Learning Cities

From the Perspective of
Educational Modernization

上海人民出版社

序

"建国君民,教学为先。"教育是国家发展与民族振兴的基石,是推动社会进步与文明传承的不竭动力。从人类历史的广阔视角和世界强国的崛起之路来看,教育现代化是国家现代化的核心组成部分,为国家的发展提供了坚实的基石,更为国家的持续进步与繁荣注入了源源不断的动力。在新时代背景下,中华民族伟大复兴的进程正稳步向前,在这一波澜壮阔的历史进程中,教育扮演着举足轻重的角色,为国家的长远发展贡献着不可或缺的力量。

党的二十大为全面建设社会主义现代化国家擘画了宏伟蓝图,首次将教育、科技、人才进行"三位一体"的统筹规划,并清晰地指出建设教育强国是实现其他各项强国目标的基础和关键途径,再次重申了教育现代化的重要性。党的二十届三中全会在继续深化学习型社会建设议题的基础上,进一步强调了终身学习理念的推广和实践,提出要加强学习型城市建设,构建全民终身学习的教育体系,从而为社会主义现代化建设提供坚实的人才保障和智力支持。

社会发展不息,教育变革不止。教育现代化是一个动态演进的过程,它不断地升级、选择和发展,但其核心始终不变——那就

1

是促进人的全面发展与现代化。自 1968 年美国学者罗伯特·M. 哈钦斯（Robert M. Hutchins）提出"学习型社会"的理念以来，这一理念便与教育现代化紧密相连。哈钦斯强调，现代社会的所有机构和制度，都应致力于帮助每个社会成员实现自我学习、共同学习，进而实现自我价值。这一理念对我国的教育发展目标有一定的借鉴价值。

随着我国社会主要矛盾的转化，人民群众对于高质量、多样化、公平的教育的需求日益增长，这对教育现代化提出了新的挑战和要求。在这样的背景下，2019 年《中国教育现代化 2035》将"构建服务全民的终身学习体系"作为教育现代化的重要战略任务之一，而学习型城市建设则是实现这一目标的重要支柱。党的二十大更是将建设全民终身学习的学习型社会、学习型大国作为建设教育强国的关键任务，进一步提升了学习型城市建设在教育战略中的地位。

国卉男博士的新著《教育现代化视域下学习型城市建设的理论框架与评价策略》便是在这样的时代背景下应运而生。本书是其博士后进站期间研究成果的集中体现，本书围绕学习型城市建设如何更好地服务于教育现代化这一核心命题，进行了深入的理论研究和实践探索。以建设的理论框架和评价策略为着力点，以"理论溯源—国际视野—本土实践—策略构建"为逻辑主线，通过学习型城市建设政策与指标的文本分析，系统廓清了学习型城市建设的理论经纬；通过分析联合国教科文组织（UNESCO）全球学习型城市网络（Global Network of Learning Cities），包括光明市（韩国）、墨西哥城（墨西哥）、巴赫达尔（埃塞俄比亚）、爱丁堡（英国）的特色经验，明确了学习型城市集群的价值导向和主要特征；通过对上海市、北京市、杭州市、成都市等调研，明确了国内城市建设学习型城市的现状和特色；以此为基础，最后系统构建了学习型城市发展的关键任务和具体策略,成果汇集了近 13 万字的研究报告、17 篇学术论文的内容精粹,足以证明本书资料翔实、论述充分,能为中国学习型城市未来发展路线图的构建带来启迪和参考。

教育部 2023 年发布《学习型社会建设重点任务》,再一次明确了学习型城市建设对于教育强国建设的政策意义。在这样一个关键时间节点上,国卉男博士基于多年对终身教育、学习型城市持续性的跟进研究,以教育现代化为中心,对学习型城市建设进行系统化理论与实践研究,能够助推实践者、研究者找准未来实现终身教育蓬勃发展、学习型城市高质量推进的方向和道路。这体现了国卉男博士在该领域宽阔的研究视野、敏锐的洞察力、扎实的理论功底和出色的研究能力,也期待国卉男博士能以本书为新的起点,继续加深思考和探讨,参与到终身教育、学习型城市的研究与实践中,提出若干可供各地方和国家政府部门参考的咨政建议,助力教育强国建设。

2024 年 9 月

目　录

1

图目录

表目录

附表目录

引　言

　　1999 年,时任上海市长的徐匡迪在上海迎接 21 世纪的教育工作会议上率先提出了"完善终身教育体系,努力把上海建成适应新时代的学习型城市"的号召。此后,学习型城市建设浪潮在全国范围内蓬勃展开。2002 年党的十六大首次将"形成全民学习、终身学习的学习型社会,促进人的全面发展"列为国家层面的政策目标。2019 年,《中国教育现代化 2035》将"构建服务全民的终身学习体系"列为教育现代化十大战略任务之一,学习型城市建设作为学习型社会、终身学习体系中的重要支柱,已经被置于教育现代化发展的重要位置。2022 年,党的二十大将"建设全民终身学习的学习型社会、学习型大国"列为建设教育强国的关键任务,更是大幅提升了学习型城市建设的教育战略地位,教育部2023 年 8 月发布的《学习型社会建设重点任务》再一次明确了学习型城市建设对于教育强国建设的政策意义。

　　本书由此出发,以理论框架与评价策略为着力点,通过"理论溯源—国际视野—本土实践—策略构建"的逻辑主线,系统廓清我国学习型城市建设的经纬,促进相关理论的革新与改善,以评价尤其是监测为突破点,确立未来创新发展的任务与路径,以期为新时代学习型城市的新发展带来启迪。

　　第一,研究基于教育现代化视域对学习型城市的理论体系进行了回溯,在文献分析的基础上,通过对政策与指标的文本分析,挖掘学习型城市建设与评价的国际、国内发展脉络,总结了面向教育现代化学习型城市建设的若干原则,包括坚持统筹发展,以政策为先导;坚持融合发展,形成共建共享机制;坚持包容可持续,促进每个人的发展;坚持改革创新,提升供给能力,形成本书的整体理论框架。

　　第二,研究基于新的指导原则对国际学习型城市建设与评价的理念与实践进行了系统研究,分析了联合国教科文组织国际学习型城市网络的经验以及学习型城市集群的价值导向和主要特征。在此基础上,选择曾获得国际学习型城市奖的特色城市包括光明市(韩国)、墨西哥城(墨西哥)、巴赫达尔(埃塞俄比亚)、爱丁堡(英国)进行案例分析,挖掘其实践经验。据此梳理出国际经验对于我国学习型城市建设与评价的启示,包括构筑顶层设计、充分发挥以评促建作用、推进学习型城市的全民性和包容性发展、构筑本土特色的学习型城市、全社会共同参与建设、围绕可持续发展目标加强城市韧性、积极承担集群发展中的大国责任等方面。

　　第三,对我国学习型城市建设的实践进行了梳理,以上海、北京、杭州、成都四个城市为主要对象,梳理其制度体系、建设特色与成效。确立了策略构建的基础和起点,发现我国大多数城市能够将学习型城市这一建设目标列入城市国民经济和社会发展规划,构建开放、多元、灵活的继续教育平台,重在人民群众的获得感、幸福感和满意度,根本目的在于实现市民富有个性而全面的发展,这是检验学习型城市建设的根本标准,更是学习型城市富有特色的建设的出发点与归宿。

　　第四,目前国内外进行学习型城市评价主要是通过监测来实现的,因此对我国学习型城市监测的情况进行了梳理,通过文本分析的方式廓清了当前我国学习型城市监测指标的逻辑体系,并以上海四区的监测实践为例,展现了当前我国学习型城市评价的基本实践样态。明确了当前学习型城市建设监测的特色主要包括从政策到实践过程中明显的重心下移、与国际接轨,密切关注体制机制改革以及强调多元参与,提升信息资源的透明度。因此在未来需要把握学习型城市内涵,深入底层实践;强调发展的多元与可持续;注重城市特色挖掘,关注建设短板;构建学习型城市监测共同体,赋能指标建设。

第五,研究提出了基于教育现代化推进学习型城市建设的未来策略,首先明确了现代化视域下学习型城市建设与评价的主要特征,厘清了需解决的关键问题,重申了建设的理念框架并据此提出评价的重要原则。其次,梳理了现代化视域下上海等学习型城市建设与评价的重点任务,包括通过实现市民终身学习,提高市民服务社会可持续发展能力;通过破除关键问题与瓶颈,实现市民终身学习服务能力提高;通过政策制定与执行的科学性与民主性,推进终身学习制度系统建设;提高数字化水平,让更多人享受学习型城市发展成果;提高覆盖人群范围,加强包容性学习型城市建设;全面实施评估,提高学习型城市建设的科学性。最后,提出现代化视域下我国学习型城市建设的行动建议,以期促进我国学习型城市建设,为建设学习型社会、学习型大国提供帮助。

第一章 教育现代化视域下学习型城市建设的背景与框架

　　2019 年 2 月 23 日,中共中央、国务院发布《中国教育现代化 2035》,这是我国未来教育发展的纲领性文件,将引领我国教育事业未来发展的方向。该文件明确提出,到 2035 年总体实现教育现代化,迈入教育强国行列,推动我国成为学习大国、人力资源强国和人才强国,为到本世纪中叶建成富强民主文明和谐美丽的社会主义现代化强国奠定坚实基础。同时,"构建服务全民的终身学习体系"被列为面向教育现代化的十大战略任务之一。①2022 年 10 月,党的二十大胜利召开,大会报告强调教育、科技、人才是全面建设社会主义现代化国家的基础性、战略性支撑,要加快建设教育强国、科技强国、人才强国。②同时,"推进教育数字化,建设全民终身学习的学习型社会、学习型大国",也被

---

　　① 《中共中央、国务院印发〈中国教育现代化 2035〉》,载中华人民共和国中央人民政府网,https://www.gov.cn/zhengce/2019-02/23/content_5367987.htm。

　　② 《习近平:高举中国特色社会主义伟大旗帜　为全面建设社会主义现代化国家而团结奋斗——在中国共产党第二十次全国代表大会上的报告》,载中华人民共和国中央人民政府网,https://www.gov.cn/xinwen/2022-10/25/content_5721685.htm。

视为实现这一战略的关键任务。显而易见,我国要加快实现教育现代化,"基本形成全民学习、终身学习的学习型社会"是尤为关键的一步。2023年,教育部印发《学习型社会建设重点任务》,把学习型社会建设作为教育强国建设的有力引擎,将"加强新时代学习型城市建设"作为五项重点任务中的第一项,提出"以全球学习型城市网络成员城市为示范,以省会城市为引领,以地级市为重点,以城带乡、城乡一体,逐步扩大覆盖面。以市域为单位因地制宜编制学习型城市建设方案,推进有效模式和特色发展相结合,持续完善政府主导、社会各方广泛参与的全民终身学习推进机制"。[①]

我国的学习型城市建设自20世纪90年代开始兴起,经过短短三十余年的发展历程,通过政府的大力推动,取得了显著成效,并形成了本地特色。[②]建设学习型城市,有利于让14亿人民都享有更好更公平的教育,有利于让学习成为广大民众的一种责任、一种追求、一种爱好、一种生活方式,帮助每一个人播种梦想、成就梦想。

目前,学习型城市建设已经成为全球城市治理与发展的必然选择,并成为新的社会建设和教育发展的重要标志。[③]在教育现代化发展的关键阶段,我国学习型城市建设也迎来了重要的机遇期,正由规模扩展转入内涵均衡式发展,强调关注并保障区域内每一居民的受教育权与学习需求,尤其强调外来群体、老年人

---

①　《教育部关于印发〈学习型社会建设重点任务〉的通知》,载中华人民共和国中央人民政府网,https://www.gov.cn/zhengce/zhengceku/202310/content_6907259.htm。

②　国卉男等:《中国学习型城市建设:从国际到本土的嬗越与重构》,载《开放教育研究》2015年第6期。

③　王元等:《芬兰艾斯堡学习型城市建设与启示——基于UNESCO框架分析》,载《成人教育》2019年第10期。

等弱势群体的精神文化需求;强调各类教育资源的充分整合与衔接,各类社会精神文化资源的开放以及教育功能的开发,以形成围绕学习者可以自由选择、就近选择、便捷选择的资源体系;强调政府职能的转变,由完全依赖政府主导、投入,转入政府引领、社会参与,充分扶持、支持各类学习组织的自我发展、自我完善;强调综合服务平台的建设,开发学习型城市建设的各项服务功能,形成学习型城市建设与社会发展各项事业的良性互动。这一系列的转变与发展,都面临诸多理论与实践问题,亟须作出回应与完善解答,加强、加快终身教育现代化、学习型城市研究,进一步厘清我国学习型城市建设的宏观理念问题,准确把握各地方学习型城市建设的推进状态,开展对我国特色学习型城市建设推进状态、成功经验等相关问题的研究便尤为关键,并且对于我国教育现代化全面实现,具有重要现实意义和历史意义。

第一节　研究背景与研究问题

一切存在的事物,其产生与发展都是受一定的社会环境与时代背景所影响,我国学习型城市的产生与发展亦是如此。国际上的学习型城市建设理念在渐趋成熟的过程中被国内学者引入,这不仅影响我国教育理念的改变,而且更为我国学习型城市建设提供了借鉴与发展的契机。换言之,学习型城市理念的引进、政策实践的本土化,都是在国际学习型城市的发展与当下我国社会、教育转型的共同影响下所形成与展开的。

从国际社会来看,自 1972 年联合国教科文组织提出学习型社会概念以来,全球终身学习和学习型城市建设不断推进。当前,联合国教科文组织已经构筑了基于全球学习型城市的学习型城市网络,自 2013 年起,每隔两年召开一次国际学习型城市大会,并连续通过大会宣言,呼吁寻找有效途径推进学习型城市可持续建设,为城市的可持续发展、提升综合治理能力服务,并提出了学习型城市建设的特征、战略、建议等新倡议,这将为我国学习型城市未来进一步的推进与提升带来新启迪。

更为重要的是,得益于我国特色的体制机制及发展模式,在面向现代化发展背景之下,我国学习型城市建设在短时间内快速缩短了与西方国家关于学习型城市建设的历史差距,不仅各级政府十分重视学习型城市建设,出台了一系列政策文件和保障举措,而且还掀起了地方政府争先恐后建设学习型城市的热潮,在取得引人瞩目的成就的同时,也形成了颇具中国特色的经验模式。总之,我国学习型城市的建设之路就是在以上不断前进、不断完善与不断提升的过程中获得了发展的契机与动力。

不容回避的是,我国学习型城市建设在持续推进、国家整体推进、各地深入推进等各方面面临一系列困难和问题。面向新时代的教育强国战略,落实教育现代化任务,系统梳理我国学习型城市建设的得与失,完善指导学习型城市建设的系统理论,确立指导未来改革与发展的方针政策,是十分重要且关键的。

为此,本书将着重回答以下几个问题:

第一,在理论上,教育现代化背景下,学习型城市建设与评价的理论根源是什么? 何为学习型城市建设与评价的原则?

第二,在实践上,当前国际学习型城市建设有什么先进理念和创新做法? 学习型城市评价究竟如何通过监测手段来实现? 以北京、上海、成都等城市为代表的学习型城市建设与评价形成了何种本土路径与特色?

第三,在面向未来发展上,教育现代化视域下学习型城市建设与评价的主要特征和重点任务是什么？面向未来的现代化建设有什么行动建议？

第二节　文献综述

分别以"教育现代化视域下的学习型城市建设""教育现代化和学习型城市"等为主题，查阅相关文献发现，将二者结合起来的研究较少，大多是二者的独立研究，故将文献查阅主题定为"教育现代化"与"学习型城市建设"两个部分，通过对二者深入研究，发现二者的深层逻辑内涵。

一、关于教育现代化的相关研究

1983 年，邓小平为北京景山学校题词："教育要面向现代化，面向世界，面向未来。"[1]自此，教育现代化成为中国特色社会主义教育理论发展所关注的新重点；1993 年，国务院在《中国教育改革和发展纲要》中提出实现教育现代化的战略目标，[2]再一次有力地推动了教育现代化的进程。关于教育现代化的研究，主要集中在教育现代化含义与本质、教育现代化发展的核心问题与方式方法以及教育现代化评价及其指标体系设计的研究三大方面。

一是教育现代化含义与本质的研究不断深入。褚宏启认为，教育现代化的本质是教育现代性的增长，而教育现代性通过教育

---

[1]　《北京市教委主任耿学超在纪念邓小平同志诞辰 100 周年会上的发言：坚持"三个面向"加快实现首都教育现代化》，载中华人民共和国教育部网，http://www.moe.gov.cn/jyb_xwfb/xw_zt/moe_357/s3579/moe_90/tnull_3162.html。

[2]　《国务院关于〈中国教育改革和发展纲要〉的实施意见》，载中华人民共和国住房和城乡建设部网，https://www.mohurd.gov.cn/gongkai/fdzdgknr/zgzygw-ywj/200110/20011029_155442.html。

形态表现出来,是教育的某种"理想型态",是价值理性和工具理性的融合。①顾明远在梳理教育现代化发展缘起的基础上,将教育现代化的基本特征归纳为民主性和公平性、终身性和全时空性、生产性和社会性、个性和创造性、多样性和差异性、信息化和创新性、国际性和开放性、科学性和法制性八个方面,并强调教育现代化与社会现代化的相伴发展关系。②刘昌亚指出,加快推进教育现代化是落实"两个大计"战略地位的必然要求,是实现"两个百年"奋斗目标的客观需要,要更加注重以德为先、全面发展、面向人人、终身学习等八大理念的推进与落实,推进我国教育现代化进程,助力我国教育强国建设。③张志勇、袁语聪从政治逻辑、历史逻辑、理论逻辑和实践逻辑出发,提出把握中国式教育现代化道路本质特征的着眼点,包括以党的全面领导为根本保障、以立德树人为根本任务、以服务人民为根本目标,等等。④高书国认为,高质量发展是中国式教育现代化的历史逻辑与内在品质,包括高水平普及、高质量公平、高智能信息化、高标准课程、高素质教师和高效能治理等。⑤胡中锋、王友涵认为,中国式教育现代化是以中国特色社会主义理论为指导,以中国优秀的传统文化为基础,以当今世界的先进技术为手段,以中国特色的教育制度为保障,以促使中国教育达到世界先进水平为目的的发展过程,其要

---

① 褚宏启:《教育现代化的本质与评价——我们需要什么样的教育现代化》,载《教育研究》2013年第11期。

② 顾明远:《试论教育现代化的基本特征》,载《教育研究》2012年第9期。

③ 刘昌亚:《加快推进教育现代化 开启建设教育强国新征程——〈中国教育现代化2035〉解读》,载《教育研究》2019年第11期。

④ 张志勇等:《中国式教育现代化道路刍议》,载《教育研究》2022年第10期。

⑤ 高书国:《中国式教育现代化的历史逻辑、内在品质和未来向路——教育高质量发展支撑中国式现代化》,载《中国远程教育》2023年第4期。

体现本土化特征,信息技术与通用技术要先进,同时需要一定的制度保障。①梁婉雅、肖龙海通过研究发现,我国教育现代化发展可分为各具特色的劳动者教育、现代国民教育体系构建以及高质量现代教育发展等三个阶段。②滕珺、江竹君等则在分析世界教育现代化历史逻辑的基础上表示,中国教育现代化既在一定程度上遵循世界教育现代化的历史逻辑,又符合教育现代化与社会现代化的相互关系,具有现代教育的基本特征。③

二是教育现代化发展的核心问题与方式方法的不断丰富。田正平、李江源从教育制度的视角切入,认为建立同现代化相适宜的教育制度框架是中国教育现代化进程的核心问题。④胡鞍钢、王洪川认为教育现代化对实现全国范围教育普及、教育公平等具有重要意义,要加强顶层设计和战略布局、加快建设高质量教育体系、逐步提升人力资本投资、着力推动教育与数字技术规范高效融合等。⑤李琼、裴丽认为,教师队伍建设对于加快我国教育现代化进程具有重要影响,所以应造就党和人民满意的高素质、专业化、创新型教师队伍,切实推动教育现代化的发展。⑥陈琳、陈耀

---

① 胡中锋等:《中国式教育现代化的内涵与特征》,载《苏州大学学报(教育科学版)》2023年第1期。

② 梁婉雅等:《中国式教育现代化:发展脉络、主要特征与新议题——基于改革开放以来党代会报告教育内容的分析》,载《西南大学学报(社会科学版)》2023年第4期。

③ 滕珺等:《世界教育现代化的历史逻辑、现实挑战与中国方案》,载《现代远程教育研究》2023年第4期。

④ 田正平等:《教育制度变迁与中国教育现代化进程》,载《华东师范大学学报(教育科学版)》2002年第1期。

⑤ 胡鞍钢等:《中国式教育现代化与教育强国之路》,载《新疆师范大学学报(哲学社会科学版)》2023年第1期。

⑥ 李琼等:《建设高素质专业化创新型教师队伍——基于〈中国教育现代化2035〉的政策解读》,载《中国电化教育》2020年第1期。

华围绕教育信息化,提出通过运用网络开放共享名师教学资源、创新多样的数字化平台等方式,推动教育现代化的发展。①邬志辉以乡村教育现代化为着力点,强调乡村教育现代化重要性的同时,提出要以现代精神为指引,挖掘乡村社会空间资源,构建乡村学习环境,推动乡村教育发展。②刘宝存、苟鸣瀚认为,当前中国教育现代化面临核心教育资源供给不足、教育结构体系的优化调整相对滞后、教育对经济社会的支撑能力亟须提高等挑战,应通过推进教育资源的公平配置、加强教师队伍专业化建设、加快教育数字化转型升级等方式推动教育的现代化发展。③丁勇从特殊教育的视角出发,通过对特殊教育发展趋势和特点的分析,提出有利于推动特殊教育现代化发展的思路与方法。④秦玉友通过对中国式教育现代化的内涵进行分析,提出包括推进教育数字化与学习型社会、学习型大国建设等方式的中国式教育现代化战略推进路径。⑤王志强从经典现代化理论、依附理论、教育现代化的世界体系理论以及新比较政治经济学理论等理论视角出发,提出教育现代化在实际发展中应注意正确处理传统教育和现代教育、教育国际化与民族化以及教育体系边缘与中心等三方面的关系,从而推动实现教育现代化乃至社会现代化。⑥

---

① 陈琳等:《以信息化带动教育现代化路径探析》,载《教育研究》2013 年第 11 期。

② 邬志辉:《乡村教育现代化三问》,载《教育发展研究》2015 年第 1 期。

③ 刘宝存等:《中国式教育现代化:本质、挑战与路径》,载《中国远程教育》2023 年第 1 期。

④ 丁勇:《我国特殊教育现代化的发展趋势和特点》,载《中国特殊教育》2017 年第 2 期。

⑤ 秦玉友:《中国式教育现代化的内涵分析与战略设计》,载《教育发展研究》2023 年第 3 期。

⑥ 王志强:《教育现代化理论:嬗变与思考》,载《国家教育行政学院学报》2013 年第 10 期。

　　三是教育现代化评价及其指标体系设计的研究不断创新。褚宏启认为,教育现代化评价实质上是对教育现代性的评价,评价指标体系的开发应该聚焦于教育现代性的测量。①董焱、王秀军等立足 2020 年基本实现教育现代化的战略目标,从教育理念、体系建设、投入保障等方面出发,设计开发了面向国家、区域等的教育现代化监测评价指标体系,为我国及各地推进教育现代化发展提供了指标参考与依据。②谢绍熺、马晓燕等在对广东、江苏、浙江、上海等地教育现代化指标体系分析梳理的基础上,提出地方教育现代化指标体系在建设过程中应坚持定性与定量相结合,要既能体现国际可比性,又能反映地方特色,同时应落实指标的动态调整和更新机制等。③李伟涛围绕教育现代化监测评价,在制度分析的理论基础上,提出了指标体系走向制度建设的制度分析框架,包括基于目标导向的监测、预警与改进机制,与深化改革相关联的多样化激励机制以及面向促进治理的开放合作、多渠道参与机制等。④杨小微从"为什么""是什么"等角度切入,指出了教育现代化评价的核心指标与核心价值之间存在的内在关联,并重点强调了"公平"在教育现代化中的重要意义。⑤

　　除此之外,还有对教育现代化具象在某一专题领域的研究,如高等教育现代化的专题研究等,重点论述了在高等教育领域存

---

　　①　褚宏启:《教育现代化的本质与评价——我们需要什么样的教育现代化》,载《教育研究》2013 年第 11 期。

　　②　董焱等:《教育现代化发展评价指标体系研究》,载《教育发展研究》2012 年第 21 期。

　　③　谢绍熺等:《地方教育现代化监测评价指标体系及实践研究》,载《教育发展研究》2015 年第 1 期。

　　④　李伟涛:《教育现代化监测评价研究:一个制度分析框架》,载《教育发展研究》2015 年第 1 期。

　　⑤　杨小微:《教育现代化评价之核心指标三问》,载《教育科学研究》2015 年第 7 期。

在着什么样的问题,以及如何实现高等教育的现代化等。

总之,通过对教育现代化进行文献查阅发现,关于教育现代化的研究主要集中在以下几个方面:第一,对教育现代化含义与本质的研究愈发深入,对其内涵与特征的剖析与分类愈发明确;第二,对教育现代化发展所遇到的问题与推进方式方法的研究内容不断丰富,对问题与优化策略一一对应关系的研究愈发清晰;第三,对教育现代化评价及其指标体系设计的研究不断加强,在明确教育现代化发展的基础上积极探索检验教育现代化发展程度的新方法、新途径,为教育现代化的发展提供可视化参考,推动教育现代化的向上向善发展。

二、关于学习型城市建设的相关研究

1973 年,经合组织启动"教育城市的实施计划",此计划成为学习型城市建设的起源;1992 年,经合组织明确提出"学习型城市"概念,关于学习型城市建设的研究逐步加深;2014 年,教育部等七部门发布《关于推进学习型城市建设的意见》,[①]成为我国首份关于学习型城市建设的政府文件,具有重要里程碑意义。在此基础上对学习型城市建设的相关文献进行梳理,发现研究主要集中在学习型城市建设的理论研究、学习型城市建设的实践探索以及学习型城市建设的评价研究等方面。

一是学习型城市建设的理论研究不断深化,包括学习型城市建设的发展脉络、内涵、特征、意义等。徐小洲、孟莹等认为,学习型城市建设既是"终身学习"和"全民教育"的思想延伸,也是城市发展观念变革带来的必然产物,其应成为学习型社会建设的"领

---

① 《教育部等七部门印发关于推进学习型城市建设的意见》,载中华人民共和国教育部网,http://www.moe.gov.cn/jyb_xwfb/gzdt_gzdt/s5987/201409/t20140915_174940.html。

头羊"与示范区。①朱敏、高志敏认为,以人为本是学习型城市建设与发展的根本。②程豪、李家成等认为,高质量是全球学习型城市建设的持续追求,包容与学习共在是学习型城市建设的主体追求,由割裂走向联通是学习型城市建设的机构关系,从分离朝向融合是学习型城市建设的社会协同路径。③张永、马丽华围绕社区成人教育、工作场所学习、学习平台建设等,为学习型城市建设中的成人教育具象化发展提供了思路。④张伟远、许玲等在对学习型城市建设政策梳理的基础上,立足继续教育,强调继续教育在学习型城市建设中的重要地位,并结合"互联网+"等探讨信息化时代继续教育在推动学习型城市建设中的新发展。⑤欧阳忠明、李国颖等分析了国际学习型城市建设研究的三个历程,并提出我国学习型城市建设研究需要突破教育学的范式,坚持实践导向的原则等。⑥

二是学习型城市建设的实践探索逐步增多,包括各地的建设理念与建设经验等。孙善学分析了北京1998年到2013年的学习型城市建设历程,包括各个时期学习型城市建设的背景、目标、工作以及特点等,呈现出北京十五年间学习型城市建设的基本模

① 徐小洲等:《学习型城市建设:国际组织的理念与行动反思》,载《教育研究》2014年第11期。

② 朱敏等:《终身教育、终身学习与学习型社会的全球发展回溯与未来思考》,载《开放教育研究》2014年第1期。

③ 程豪等:《反思与突破:学习型城市建设的高质量发展》,载《开放教育研究》2021年第2期。

④ 张永等:《新世纪中国成人教育发展的成就、挑战与路向——基于UNESCO学习型城市六大支柱的视角》,载《开放教育研究》2013年第5期。

⑤ 张伟远等:《互联网时代继续教育在学习型城市建设中的定位与作用》,载《中国远程教育》2019年第2期。

⑥ 欧阳忠明等:《国际学习型城市建设研究:历程、现状与思考》,载《现代远距离教育》2016年第4期。

式和特色以及学习型城市建设对于学习型社会建设的重要意义。①袁雯在回顾上海市学习型城市发展历程的基础上，从政府主导、完备体系等方面着手，分析了上海学习型城市建设的重要举措与成效，并提出创新是上海学习型城市建设的永动力。②蒋红以上海为基点，以泛在学习为核心，论述了上海开放大学在推动上海建设"人人皆学、时时能学、处处可学"学习型城市中的重要作用，并突出了开放大学在扩大教育服务群体、促进资源开放共享、优化学习网络环境等方面的重要价值。③张敏、叶映华对杭州学习型城市建设状况进行数据分析，提炼出杭州创建学习型城市的经验，包括坚定政治意愿与科学规划、本土文化学习资源开发、重视弱势群体学习以及以学习为中心提升城市品质，提升居民的幸福感等。④孙其昂以常州市的学习型城市建设为起点，对常州市学习型城市建设与学习型社会、人的持续发展等的关系进行了探讨，并将其视为一项长远的社会任务，致力于其不断推进与可持续发展。⑤

　　三是学习型城市评价指标体系不断完善。高志敏、贾凡等以联合国教科文组织全球学习型城市评价指标帕提农神庙为主轴，对指标的三角顶层、"六大支柱"与"三层基石"等指标系列分别进

---

　　①　孙善学：《北京市学习型城市建设历程、特征及趋势研究》，载《经济与管理研究》2014 年第 7 期。

　　②　袁雯：《为了每个市民的终身发展——上海建设学习型城市的探索》，载《开放教育研究》2013 年第 4 期。

　　③　蒋红：《促进人人、时时、处处的泛在学习——上海开放大学服务学习型城市建设的实践探索》，载《开放教育研究》2014 年第 4 期。

　　④　张敏等：《杭州学习型城市发展评价：基于 UNESCO 的框架分析》，载《浙江社会科学》2015 年第 9 期。

　　⑤　孙其昂：《学习型城市的实践和诉求——以常州市为例》，载《马克思主义与现实》2004 年第 2 期。

行了分析,对更加清晰、直观地了解全球学习型城市评价指标体系的初步框架具有重要意义。[①]周素萍、全世海围绕代表性、全面性、可操作性、评价一致性等原则,建立包括资源指标、科技指标、经费指标等 6 个一级指标、21 个二级指标以及 70 个三级指标的学习型城市评价指标体系,为我国学习型城市建设的基本情况提供指标参考。[②]陈友华从学习型城市的基本内涵出发,提出学习型城市建设评价指标体系建设应遵循综合性与系统性、易获得性、以人为本、国际可比性等原则,并注意时效性与连续性统一,同时关注各指标的权重。[③]顾凤佳、朱益明通过对加拿大综合学习指数、欧洲终身学习指数、德国学习图谱、TELS 学习型城市审计工具以及联合国教科文组织《学习型城市的主要特征》等指标进行比较,在解析各指标内涵的基础上提出,评价指标应以促进人的发展为根本目的并体现城市发展的包容性和独特性等,同时认为学习型城市评价指标的发展应关注"绿色技能"的提高与评价,强调各类教育的充分融合等。[④]吴耀宏、蔡兵等考虑到地区与城市间的发展不平衡问题,根据西部情况,围绕人口素质、学习资源、教育培训等为西部地区的学习型城市发展设计出一套指标,提供了西部地区学习型城市建设发展的指标参考。[⑤]

综上所述,通过对学习型城市建设进行文献查阅发现,关于

---

① 高志敏等:《帕提农神庙·学习型城市——UNESCO 全球学习型城市评价指标体系解读》,载《教育发展研究》2013 年第 11 期。

② 周素萍等:《学习型城市评价指标体系的建立及应用研究》,载《开放教育研究》2014 年第 4 期。

③ 陈友华:《学习型城市建设评价指标体系研究》,载《南京社会科学》2004 年第 9 期。

④ 顾凤佳等:《国际学习型城市评价指标比较:反思与展望》,载《开放教育研究》2019 年第 6 期。

⑤ 吴耀宏等:《西部学习型城市建设绩效评价研究》,载《科技管理研究》2007 年第 9 期。

学习型城市建设的研究主要呈现出以下特点：一是学习型城市建设的理论研究不断深入，包括学习型城市建设的发展脉络、学习型城市建设的理论基础与内涵、特征等；二是学习型城市建设的实验探索不断加深，包括各地学习型城市建设理念与实践探索；三是学习型城市建设评价的研究不断丰富，包括对现有评价体系与评价指标的分析以及在现有基础上提出的优化与完善建议等。

第三节　核心概念界定

为了挖掘学习型城市建设与监测的特色，回应教育现代化视域下我国学习型城市建设存在的问题，提高建设的效果和效率，有必要针对一系列概念进行厘清，以进一步明确概念的定义与边界，从而支持后文的讨论。

一、教育现代化

党的二十大继续强调"要坚持教育优先发展、科技自立自强、人才引领驱动，加快建设教育强国、科技强国、人才强国，坚持为党育人、为国育才，全面提高人才自主培养质量，着力造就拔尖创新人才，聚天下英才而用之"。[①]也就是说，建设教育强国是实现新时代中国式现代化的关键和基础。助推这一目标的实现，是建设学习型城市的根本目标和关键任务。因此，研究将以教育现代化为出发点和原点，确立研究学习型城市的框架、任务和内容。

[①]　习近平：《高举中国特色社会主义伟大旗帜　为全面建设社会主义现代化国家而团结奋斗——在中国共产党第二十次全国代表大会上的报告》，载中华人民共和国中央人民政府网，https://www.gov.cn/xinwen/2022-10/25/content_5721685.htm。

要想理解教育现代化,就必须厘清现代化的提出与形成。现代化研究萌芽于18世纪,发展至今,已形成庞大的理论体系。总体而言,"现代化"指从传统社会向现代社会、从农业社会向工业社会的转变及过程,是指与教育形态的变迁相伴的教育现代性不断增长和实现的过程。①现代化涉及人类生活的各个方面,包括技术的进步、都市化和工业化的发展、教育的普及和水平的提高、大众传播的发展、纵向和横向的社会流动机会的增加,尤其是民主政治参与的扩大等。因此,现代化是指某种社会形态转变为"现代社会"的过程和结果。教育是一种手段,教育现代化的价值与目标在于促进社会现代化、人的现代化。②因此,所谓教育现代化,是当今或者当代,全球范围内各个经济体的教育体系,从学前教育到高等教育和继续教育各个阶段,所涉及的教育思想观念、教育制度、课程内容、教育管理、教育手段、教育设施、教育质量(特别是人的公民素养、文明程度)等所有教育要素上表现出来的世界先进水平。

简言之,教育现代化就是当代、全球范围内、所有教育要素上表现出来的先进水平。这些代表教育现代化的世界先进水平,显然是世界各国共同的贡献,是人类共同的智慧结晶,但部分发达国家相对来说发展的水平较高,现代化程度也处于相对前列。那么从实证分析参照角度,而非理论穷尽的角度,可以教育现代化的要素维度建立教育现代化的监测评价指标体系,选择能够代表当今世界教育发展先进水平的发达国家群体平均的或者普遍的教育发展水准,作为教育现代化指标值,即教育现代化的标志或

---

① 褚宏启:《教育现代化的本质与评价——我们需要什么样的教育现代化》,载《教育研究》2013年第11期。

② 褚宏启:《教育现代化2.0的中国版本》,载《教育研究》2018年第12期。

参照标准。①从这个意义上看,不同国家、地区其教育现代化的程度是不同的,教育现代化具有程度上的差异。也就是说,我们必须从中国的实情出发,参考那些已经达到世界先进教育水平的国家和地区,为学习型城市建设建立一个教育现代化指标体系(框架)、标准,为后续研究提供理论支持。

二、学习型城市

1995 年 3 月,第八届全国人民代表大会第三次会议通过了《中华人民共和国教育法》,第一次明确提出"完善终身教育体系"。2001 年时任国家主席江泽民在亚太经合组织人力资源峰会上第一次提出"构筑终身教育体系,创建学习型社会"。

从世界范围内来看,1965 年,保罗·郎格朗(Paul Lengrand)在联合国教科文组织主持召开的成人教育促进国际会议上,首次提出了终身教育的理念。1968 年,美国学者罗伯特·M.哈钦斯在其著作《学习社会》(The Learning Society)中首次提出了"学习型社会"的理念。

随着学习型城市的发展及其概念内涵和外延的不断扩展,国内外教育领域的学者纷纷加入学习型城市概念的讨论中,产生了一些具有代表性的观点。综合来看,所谓的学习型城市,实质就是在城市范围内,调动所有的人力、财力和物力来贯彻并落实终身学习的理念,从而促进个体潜能的挖掘与全面发展、提升市民的生活质量与思维品质、维护社会的融合与稳定、推动城市各方面可持续发展与繁荣的一个"学习型社会"缩影。②

具体来看,学习型城市的基本特征概括为以下四个方面:第一,终身学习,强调学习涵盖人的一生,并需要适应个体和社会的发

①　张惠:《教育现代化概念新解》,载《上海教育科研》2017 年第 5 期。
②　蒋亦璐:《学习型城市及其相关概念辨析》,载《职教论坛》2017 年第 3 期。

展;第二,全员参与,强调参与需囊括各利益相关者(stakeholder),不仅包括学习者,也包括学习提供者;第三,资源整合,强调城市中各种有助于推进终身学习的资源(包括自然资源和社会资源)的有机结合;第四,全面发展,强调个人和社会的协同发展和整体提升,一方面通过学习完善人性以推动社会发展,另一方面借助学习营造更好的社会环境以使个体获得更高品质的生活。[①]

三、学习型城市建设评价

在学习型城市建设中,我国各地始终将地方特色终身学习理念贯穿其中,在终身学习体系的构建、终身学习平台的搭建、终身学习文化的营造和各类学习型组织的创建等具体实践中,因地制宜地采取了迥然不同的方针对策,形成了各具特色的经验模式。但是,各地方无论采取何种举措,目标实质却是一致的,即通过社会各方面学习资源的凝聚与整合,不断实现全民终身学习,为居民、城市带来转变。因此,尽管各地学习型城市建设的实践模式丰富多彩,但是仍然可能用较为一致的评价机制,对建设实践的进展、水平进行评价。

所谓的学习型城市建设评价,就是从学习型城市的主要特征出发,确立学习型城市建设的评价指标和评价体系,全面收集各地实践的有关信息资料,对当地学习型城市建设水平进行评估。

目前,我国学习型城市建设效果的评估,多聚焦于硬性条件的指标,公众对社会学习组织的服务质量、工作效率和专业化程度要求越来越高。有必要完善评价指标体系,建构一套具有我国时代发展特点、符合现代社会发展规律、体现学习型社会未来发展指向的评价指标体系。我国学习型城市建设的评估研究依然

---

① 蒋亦璐:《学习型城市及其相关概念辨析》,载《职教论坛》2017 年第 3 期。

有较大的拓展空间,学习型城市建设评价指标体系应该体现不同
类型城市的情境、建设目标和实施规则等,需要我们做进一步研
究和探索。①

四、学习型城市建设监测

监测是推动教育现代化、学习型城市建设均衡化、可持续化
以及高质量发展的重要举措,通过概念溯源,能够有效梳理学习
型城市建设监测的概念内涵与发展脉络,为学习型城市建设监测
的实践探索提供理论支撑。

（一）监测

"监测"在早期是指一种收集数据的方法,指及时并持续地对
事物进行跟踪,目的是获得全面的信息来控制形势,并且科学地
管理被监测对象。②测量和记录某一对象特定时空的状态,称为监
测方法,如应用抽样、遥感等调查方法,获取较为精确的数据,以
提高数据精度和降低成本为目标,不断改进调查方式和技术是监
测研究的侧重点,从而提供科学有效的数据。③监测最终达到的状
态是"通过测量分析某一领域各指标要素来获得该领域发展水平
的数据及其问题所在"。④陈小娅、董奇等人认为,从管理和决策角
度出发,监测属于评价活动之一,两者基本功能之一是提供相关
的科学合理的数据,全面精准分析某一研究对象现有发展水平和
存在的问题,从而提供精确有效的数据来支撑后续活动。⑤监测的
指标应能够体现生态、文化、社会可持续发展,从而推动某一领域

---

①　李彦等:《学习型城市建设评价指标体系的设计思考》,载《天津职业院校
联合学报》2019 年第 4 期。

②③　陈美兰等:《预测、监测和预警关系的初步探讨》,载《浙江林学院学报》
1999 年第 1 期。

④⑤　陈慧娟等:《我国基础教育质量监测与评价体系的演进与未来走向》,
载《华东师范大学学报(教育科学版)》2021 年第 4 期。

创新性发展。①

据此，可以将"监测"理解为对某一事物或领域进行长期跟踪、观察、评估，并通过收集数据、分析信息等及时发现问题、解决问题和优化管理的过程，其具有持续性、及时性、时效性等特点，适用于教育、环境、网络、食品等多个行业领域。其中，教育现代化监测可以理解为，对教育领域中的各种现代化进程和发展进行系统性、定期性地评估和监测，以便了解教育体系的发展情况、问题和趋势，并为政策制定、改进教育体制、优化教育资源配置提供数据支持，从而促进个人学习终身化发展。这种监测可以涵盖从基础教育到高等教育的各个层次和领域，包括教育的内容、教学方法、教材、教育技术应用等各个方面。

（二）学习型城市监测

学习型城市建设监测是指对学习型城市发展进程和成效进行系统化、定量化、定性化的跟踪和评价。这源于对城市发展的新认识和对城市管理的新要求，强调城市中各个群体要不断学习和适应变化的社会和经济环境，以提高城市的适应能力、创新能力和竞争力。学习型城市是建设全民学习、终身学习的学习型社会的重要驱动力量，监测是建设学习型城市的重要组成部分。②

学习型城市监测是通过"以评督建""以评促建"的方式，对建设学习型城市的各项指标进行跟踪和评估，来监督学习型城市的发展状况及困境，以此推动学习型城市建设的整体发展水平。③学习型城市建设是一个持续而漫长的过程，因此监测应持续地跟

---

① 史枫：《北京构建可持续学习型城市新格局：监测、示范与特色探索》，载《职教论坛》2022年第5期。

②③ 国卉男等：《学习型城市监测：从国际实践到本土重构》，载《职教论坛》2022年第2期。

踪,并建立长期监测机制,定期进行监测评估,及时了解学习型城市发展的动态变化和成效,确保相关政策和措施的持续有效性。学习型城市监测包括对政策执行状况、学习者、学习资源、学习成果、教学质量、社会效益等的监督与评价,因此监测需要选取合适的指标,基于科学的方法和工具,确保数据的准确性和可信度,保证监测结果的科学性。监测离不开社会各个主体共同参与,数据的共建共享,重视社会各界的参与和反馈,在监测过程中广泛征求市民、企业、学术界等的意见和建议。通过社会参与,确保监测结果客观公正,客观反映学习型城市发展的全貌。如进行问卷调查和访谈,收集市民、企业、学术界等各方对学习型城市建设的认知和反馈,这些调查和访谈可以帮助发现城市学习型发展中的具体问题和需求。政府及教育部各部门通过定期发布学习型城市建设的监测报告,对学习型城市的发展进行评估和总结,这些报告可以为政府决策和公众了解城市学习型城市发展情况提供参考。同时学习型城市发展面临快速变化的社会和经济环境,监测也需要灵活应对,及时调整监测内容和方法,确保监测的有效性和及时性。

通过对学习型城市建设监测,可以更好地了解学习型城市建设的进展情况,发现问题并提出改进建议,为城市的发展和提高全球竞争力提供有力支持。同时,监测的结果和建议能够为政府决策和公众参与提供科学依据,共同推动城市朝着更加包容、创新和可持续的方向发展。

（三）监测与评价

评价是对一项研究或一个项目进行价值判断的过程,旨在评估其质量、效果或意义;而监测则是对这个过程进行持续观察和记录,以实时提供信息,帮助研究或项目能够及时发现问题并进行调整。两者相互依赖,评价为研究或项目的开展提供了方向,而监测则是实现这个方向的手段。具体到学习型城市建设上来，学习型城市评价，就是对学习型城市建设的实际情况进行判断、分析，为建设提供可供参考的方向。为了对各地学习型城市建设的事实状态作出评估和衡量，就需要在学习型城市评价目标厘定的基础上，展开学习型城市监测，对一地、一城的实践现状进行价值判断，学习型城市建设展开连续性评价，跟踪评估学习型城市建设的成效，肯定成绩，指出问题，为进一步推动学习型城市建设提供参考和支持。

学习型城市建设评价与监测存在密不可分的关系，在学习型城市建设理论和实践中，监测一直是评价的主要手段，学习型城市监测也成为各国际组织衡量学习型城市建设水平的主要方式。当前，国内外学习型城市都倾向于通过监测促进学习型城市的可持续推进。学习型城市监测的各种理念和方法的目的都是反映出一定预期判断下学习型城市建设所取得的实际成效，并通过同一城市在不同时间阶段的纵向比较或同一时间不同城市的横向比较，为后续策略和行动提供坐标定位。早在 1998 年，欧洲委员会资助的学习型城市建设项目"TELS"（Towards a European Learning Society），建立了第一份关于学习型城市建设的指标体系。此后，联合国教科文组织连续组织召开了四届学习型城市大会，其间发布了"全球学习型评价指标体系初步框架"，欧盟、加拿大等都建立起卓有成效的监测评价体系。这些评价指标促进了各国各地区学习型城市建设的规范化、有效化发展，我国多个城市也加入了全球学习型城市网络，联合国层面对学习型城市实施与成效的关注也为我国学习型城市发展提供了标杆，为监测指标的建立提供基础和借鉴。

总的来说，不论组织或者个人都认为学习型城市的建设肯定了个人与学习型城市、学习型城市与学习型社会的密切关系，其目标与诉求是一致的，都是以个人全面发展、终身学习为主体，从构建区域内学习型城市来推动实现学习型社会。而实施学习型城市监测则是通过"以评督建""以评促建"的方式，对区域学习型城市建设的各个要素指标进行测量分析，了解监督学习型城市的建设水平以及存在的问题，从而加快学习型城市建设的整体进程。其中"推动发展学习型社会，提高建设学习型城市的质量与水平，实现全民终身学习"是学习型城市监测的目标，"对区域学习型城市建设的各个要素指标进行测量分析，了解监督学习型城市的建设水平以及存在的问题"是学习型城市监测的核心内容。

总之，我国学习型城市建设已经有一定的发展历史，面向教育现代化 2035，学习型城市监测成为理论和实践发展的重点，需要通过研究，对我国学习型城市监测的缘起及当下国际学习型城市监测的基本情况和指标进行分析，同时厘清目前我国学习型城市监测发展的基本样态，针对当前有代表性且已经在一定范围内实施的监测指标进行文本分析，获得我国学习型城市监测指标的关注重点。

第四节　研究内容与过程

本书的主要核心内容为，对标教育现代化要求，围绕政策关注的重点，梳理学习型城市建设与评价的理论根源，明确主要原则；在理论框架的指引下，分析与对比国内外学习型城市建设与评价的经验，筛选并分析优秀学习型城市建设与评价经验，以上海为例展现当前学习型城市评价监测的实际情况；最终形成对未来建设的整体方案，包括教育现代化视域下学习型城市建设与评价的主要特征和重点任务等内容。

为取得以上研究成果,本书将研究内容分为以下四个部分。

第一,总结教育现代化理论以及学习型城市理论研究溯源与新共识。在文献研究的基础上,梳理教育现代化的基本理论、学习型城市建设的理论和学习型城市监测的理论,廓清国际国内学习型城市建设的理论脉络与转向,基于既立足我国现实背景,又接轨国际发展潮流的立场,对相关理论研究进行总结,深化对现代化视域下学习型城市建设的认识,建设教育现代化视域下学习型城市建设的理论框架。

第二,廓清国内外学习型城市建设新动态。解读五届联合国教科文组织国际学习型城市大会提出的全球新目标、新方案,深入解构全球学习型城市网络的建设模式,挖掘国内外具有不同特色的学习型城市作为案例进行深入讨论,分析其经验和特色,面向教育现代化发展,为上海乃至全国学习型城市建设提供有益的借鉴。

第三,梳理国内外学习型城市建设与评价的经验。围绕当前学习型城市评价的主要方式,重点使用质性研究工具对国内外学习型城市建设监测指标进行分析,通过分析与对比,分析学习型城市建设监测的逻辑框架,廓清不同指标体系的关注重点,进而分析其成就与问题,并提出相应优化建议。

第四,提出优化国内学习型城市建设与评价的建议。解读新时代围绕国家总体布局、战略布局,以及建设全球卓越城市,国内学习型城市建设肩负的新使命,面向教育现代化发展,分析国内学习型城市建设面临的挑战和存在的问题,提出国内学习型城市建设进一步完善的基本框架与整体思路,并在此基础上,探索立足本土现实又兼具国际发展视野,并具可操作性、可推进性的适应新时代特点的建设路径、机制与对策(见图1-1)。

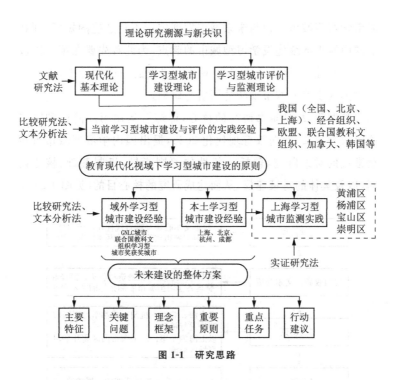

图 1-1　研究思路

从逻辑关系上来看,本书研究的过程可以概括总结为四个相互衔接的研究阶段。

第一阶段,梳理国内外相关文献,厘清在教育现代化视域下,当前学习型城市建设与评价的基本情况,为后续研究奠定基础。

第二阶段,采用质性研究工具 Nvivo 12.0 对当前的学习型城市建设与监测的各种文本资料进行分析,明确我国当前政策热点,并结合国内外关于学习型城市建设的理论共识、经验共识,以及国内在新时代对于可持续建设学习型城市的新需求,提出现代化视域下推进学习型城市建设的难题、框架与蓝图,核心在于确立本书研究的价值基础、基本内涵与核心原则等。

第三阶段,廓清国内推进学习型城市建设的成就,审视国内城市学习型城市建设与未来城市发展定位不相适应的短板,即找准国内城市继续建设学习型城市的起点,为此首先要在第一阶段研究的基础上,提出未来学习型城市建设的一般性标准,由此指导对国内学习型城市现状的调研与研判。

第四阶段,是本书研究的核心,即综合运用第一阶段和第二阶段研究成果,面向教育现代化2035,提出国内学习型城市可持续推进的对策研究,包括一般性的原则指导,机制基础、核心内涵,以及具体的对策建议,从而达成研究的核心目的(见图1-2)。

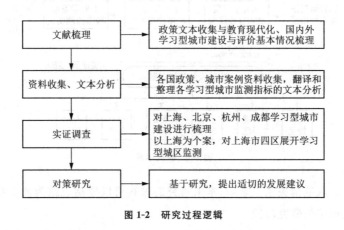

图1-2 研究过程逻辑

第五节 研究方法

本书采用了文本分析、比较研究和实证研究等方法,通过保证研究体现教育现代化的政策目标,以及学习型城市建设与之存在差距的现实矛盾,又突出国际视野、理论指导,来保证研究的科学性与前瞻性。注重从理论共识出发,明确在现代化视域下,规划设计学习型城市建设的基本方案,继而通过国内外学习型城市建设的比较和分析,提出学习型城市建设与评价的关注重点和未来方向；利用实证研究，通过收集国内外学习型城市数据与资料，深入部分城市，进行城市之间的比较，并以上海为个案，挖掘当前学习型城市监测的实然状态；最终，得出影响学习型城市建设可持续的主要因素以及面临的现实困境，进而尝试提出以教育现代化为指向，服务教育强国建设的学习型城市建设的理论框架、重要原则和重点任务，形成整体思路和具体框架，进而为教育实践与政策制定提供实证的基础。

一、文献研究法

本书重点从三个层面来梳理相关的文献：

一是对国内外有关学习型城市建设与评价的理论成果进行总结和梳理，为总体的研究设计确立科学、合理和有效的理论基础，从而明晰研究的重点和难点，寻求突破口与切入点。

二是搜索国际组织、国外有关学习型城市建设与评价的相关政策与指标内容，为之后不同国家之间的比较研究打下坚实基础。

三是检索和梳理我国关于学习型城市建设与评价的政策的演变与发展状况，为学习型城市建设与评价理论框架的完善奠定基础。

二、文本分析法

对政策文本、监测指标进行梳理和分析，以计量的方式梳理出政策热点、发展难点以及学习型城市评价的关注侧重点，主要是针对近年我国国家及各省市重要的终身教育、学习型城市相关的政策以及当前主要学习型城市监测指标进行分析，并结合国内外学习型城市研究的理论成果，为总体的研究设计确立科学、合理和有效的理论基础，从而明晰研究的重点和难点，寻求突破口与切入点。

三、比较研究法

选取了经合组织、联合国教科文组织、欧洲、加拿大、韩国、我国(全国以及北京、上海)等国际组织、国家和地区以及城市的相关评价监测量化指标,进行系统的分析与比较,并深入挖掘了国内外学习型城市建设的典型案例,以期借鉴典型发展经验,同时结合本土的实际情况,总结共识,比较理论共识与经验共识,寻找其中的价值取向,进一步比较这一价值取向与我国现实需求,进而得出能够指导本土实践的一般性原则。

四、实证研究法

通过收集实践材料的方式,总结当前国内外学习型城市建设的基本现状,深入一线调研,梳理相关案例。与此同时,以上海等城市的实践为主,调查收集学习型城市建设的做法以及上海学习型城市监测的基本情况,从而反映出当前学习型城市评价的实践样态,明晰在现代化视域下学习型城市建设的瓶颈与问题。

第二章 教育现代化与学习型 城市建设的理论溯源

《中国教育现代化2035》提出了推进教育现代化的八大基本理念和十大战略任务,提出要学习习近平新时代中国特色社会主义思想,发展中国特色世界先进水平的优质教育,推动各级教育高水平高质量普及,实现基本公共教育服务均等化,构建服务全民的终身学习体系,提升一流人才培养与创新能力,建设高素质专业化创新型教师队伍,加快信息化时代教育变革,开创教育对外开放新格局,推进教育治理体系和治理能力现代化。在纲领性文件的指导下,加强、加快终身教育现代化、学习型城市的研究,对于我国教育现代化的全面实现与高质量发展,具有重要的现实意义和历史意义。近年来,我国学习型社会建设成效显著,学习型社会、学习型城市建设使得我国人民的精神面貌发生了极大的变化,全民学习、终身学习成为人们的理论共识与积极行动。中国的学习型城市建设走在了世界前列,中国行动为全球学习型社会建设作出了重大贡献,建设经验亦受到联合国教科文组织和各国的赞誉。习近平总书记强调,要加快推进马克思主义学习型政党、学习大国建设。党的二十大报告将学习型社会与学习型大国并列,更加明确地显示了中国学习型社会建设的国家意志和社会力量。①在理论层面,学习型城市建设对于进一步丰富教育现代化的内涵、完善教育现代化的理论架构具有重要的学术价值。自 1972 年联合国教科文组织提出学习型社会概念以来,全球终身学习和学习型城市建设不断推进。2013 年、2015年、2017 年、2019 年和 2021 年,联合国教科文组织分别于中国北京市、墨西哥墨西哥城、爱尔兰科克市、哥伦比亚麦德林市以及韩国延寿市召开国际学习型城市大会,连续通过大会宣言,呼吁寻找有效途径推进学习型城市可持续建设,促进城市的可持续发展与综合治理能力提升,并提出了学习型城市建设的特征、战略、建议等新倡议。在其中,我国一直发挥着先进作用,为学习型城市未来进一步推进与提升带来新启迪。

第一节　教育现代化基本理论

教育现代化包括教育思想现代化、教育内容现代化、教育方法现代化、教育技术手段现代化、教育设施现代化、教育管理现代化等。随着教育科技的不断发展,教育信息化不断深入,教育现代化理论对于学习型城市建设起到更加重要的作用。

一、教育现代化的基本问题

教育现代化既是社会现代化发展的必然要求,也是社会现代化的组成部分。社会现代化和教育现代化是一个相伴发展的历史过程。从定义上来看,教育现代化是以现代信息社会为基础,以先进教育观念为指导,运用先进信息技术的教育变革的过程,是传统教育向现代教育转变的过程。"教育的终身性和全时空

———————

　① 杨树雨:《学习型大国的奋进姿态》,载《中国教育报》2022 年 10 月 20 日,第 9 版。

性"是其主要特点之一。①党的十九大对国家现代化进行了战略部署,一是以 2020 年全面建成小康社会为基础,到 2035 年基本实现社会主义现代化;二是在基本实现现代化的基础上,到 2050 年建成社会主义现代化强国。

2019 年 2 月 23 日,中共中央、国务院发布《中国教育现代化 2035》,这是我国未来教育发展的纲领性文件,引领我国教育事业发展的方向。《中国教育现代化 2035》提出,到 2035 年,总体实现教育现代化,迈入教育强国行列,推动我国成为学习大国、人力资源强国和人才强国,为到本世纪中叶建成富强民主文明和谐美丽的社会主义现代化强国奠定坚实基础。并将"构建服务全民的终身学习体系"和"建成服务全民终身学习的现代教育体系"作为推进教育现代化的八大基本理念和 2035 年主要发展目标。更加强调和凸显教育在国家现代化发展中的基础性、先导性和全局性的地位。2019 年 10 月,党的十九届四中全会着重研究了坚持和完善中国特色社会主义制度、推进国家治理体系和治理能力现代化的若干重大问题。其中在民生保障制度中,就学有所教要求"加快发展面向每个人、适合每个人、更加开放灵活的教育体系,建设学习型社会"。这一论断的核心,是不仅要为每个人提供完善的学习机会,更要在此基础上进一步关注以人的发展为核心的学习质量的全面提升。②2020 年 10 月,党的第十九届五中全会审议通过《中共中央关于制定国民经济和社会发展第十四个五年规划和二〇三五年远景目标的建议》,标志着我国开启全面实现教育现代化和建设社会主义现代化强国的新征程。"十四五"规划和

---

① 顾明远:《试论教育现代化的基本特征》,载《教育研究》2012 年第 9 期。

② 韩民等:《面向人人、开放灵活的教育体系和学习社会建设——"构建服务全民终身学习的教育体系"笔会系列二》,载《终身教育研究》2020 年第 3 期。

2035 年远景目标纲要突出强调要"建设高质量教育体系"。

习近平总书记提出"学习是文明传承之途、人生成长之梯、政党巩固之基、国家兴盛之要",党的十八大以来,习近平总书记在不同场合反复强调要坚持学习,并围绕为什么学、学什么、向谁学、怎样学等一系列问题进行了深入阐释。开启新征程,2022 年,党的二十大提出"教育、科技、人才是全面建设社会主义现代化国家的基础性、战略性支撑",明确要求"推进教育数字化,建设全民终身学习的学习型社会、学习型大国"。

中国特色社会主义进入新时代,国内经济发展进入新常态,各项事业改革不断深化。在建设具有国际影响力的卓越城市、满足人民日益增长的美好生活需要中,学习型城市建设扮演的角色越来越重要,被视为"满足人民多层次、多样化需求,发展成果更多、更公平惠及全体人民"的重要战略,推进学习型城市治理能力现代化建设恰逢"其时"。①在纲领性文件的指导下,加强、加快终身教育现代化、学习型城市的研究,对于我国教育现代化的全面实现,具有重要的现实意义和历史意义。同时,对于进一步丰富教育现代化的内涵、完善教育现代化的理论架构具有重要的学术价值。

二、面向 2035 中国教育现代化的发展图景

《中国教育现代化 2035》首次提出了我国以加快建设学习型社会为首的教育现代化命题。构建服务全民终身学习的现代教育体系和建设学习强国成为实现"两个一百年"奋斗目标的重大国家战略。值得指出的是,作为新时代加快推进教育现代化、建设教育强国的纲领性文件,这项规划不仅成为我国首个以教育现代化为主题的中长期发展战略规划,还是第一个用"服务全民终

---

① 国卉男:《学习型城市治理体系和治理能力现代化建设:理论指南与行动计划》,载《教育发展研究》2021 年第 3 期。

身学习"作定语,定义了教育现代化主题的中长期战略规划,提出
"建成服务全民终身学习的现代教育体系"的目标要求及其一系
列相关理念和任务内容要求。与此同时,《中国教育现代化 2035》
将"建成服务全民终身学习的现代教育体系"放在主要发展目标的
第一位,具有统领性意义,并在其后分述了学前教育、义务教育、高
中教育、职业教育、高等教育和残疾儿童少年教育等诸多阶段、诸
多方面的教育目标要求,引人注目地将"形成全社会共同参与的教
育治理新格局"的目标要求,放在了 2035 年主要发展目标总收尾
的突出位置,特别强调了"推动社会参与教育治理常态化"。此一
头一尾两个重量级目标,使得《中国教育现代化 2035》的未来蓝图
得以清晰勾勒,如果说 2035 年的教育体系与现存教育体系将不仅
区别在外塑,更区别在内核的话,前一个目标则指向《中国教育现
代化 2035》的内核,后一个目标指向《中国教育现代化 2035》的外
塑。"这两个目标对教育具有统揽全局性和创新性。"①从政治发
展的高度看,坚持和完善党的领导制度体系、人民当家作主制度
体系、中国特色社会主义法治体系和行政体制,需要通过服务全
民终身学习的教育体系促使全党和全民加强终身学习,不断自我
提升。②具体而言,面向 2035 教育现代化,其发展愿景是通过优化
发展理念、完善制度体系、聚焦人才培养、增强技术力量和规范治
理结构来实现教育发展的新布局、新视野、新高度、新突破和新格
局。③教育现代化是"教育"与"治理"两个维度上对"现代化"追求的

---

① 杨树雨:《中国教育现代化促建学习大国——学习〈中国教育现代化
2035〉和〈实施方案〉的思考》,载《北京宣武红旗业余大学学报》2019 年第 2 期。

② 汤晓蒙等:《中国终身教育国家战略的演进、内涵与实现》,载《终身教育
研究》2022 年第 1 期。

③ 袁利平等:《面向 2035 的中国高等教育现代化发展图景及其实现》,载
《大学教育科学》2021 年第 3 期。

统一体。离开任何一方都不是真正完整意义上的现代化,在终身教育意蕴与教育治理格局的关系上,前者为目标与内核,后者为手段和保障,二者统一于教育现代化之中,如同一个硬币的两面。[①]

因此,面向 2035 中国教育现代化发展,终身教育有着比以往更为重要的意义,作为构建服务终身学习教育体系中的重要一环,建设学习型城市不仅仅是学习型社会、学习型大国的战略基础,同样是 2035 中国教育现代化发展的战略图景。

第二节　学习型城市建设的理论

学习型城市建设源于终身教育和终身学习的学习型社会的思想,[②]是提高市民素质,提升城市综合竞争力的迫切需要,也是城市生存和发展的内在要求,充分反映了现代城市发展正呈现历史性的变化趋势:由作为工业主义结晶的城市形态让位于伴随着知识经济而崛起的新型城市形态。[③]学习型城市建设是现代城市发展的内在要求,在国内外均能找到其理论脉络。

一、国际学习型城市理论转向与新关注

学习型城市由国外发轫,在学习型社会理论逐渐成形的过程中,学习型城市的理论也逐渐完善,其经验与做法对我国学习型城市建设有非常重要的参考价值。

(一)国际学习型城市建设的理论溯源

20 世纪 60 年代,美国学者哈钦斯在其著作《学习社会》中提

---

① 徐莉等:《终身教育与教育治理在教育现代化中的逻辑联系——实现中国教育现代化 2035 的思考》,载《中国电化教育》2020 年第 1 期。

② 郑金波:《学习型城市理论初探》,载《大连大学学报》2003 年第 3 期。

③ 叶忠海:《学习型城市若干基本理论问题的研究》,载《湖南师范大学教育科学学报》2003 年第 5 期。

出了"学习型社会",并指出"未来的学习型社会,必定要实现一种新的价值转换,也就是要使学习、成就和完善人性成为全体社会所追求的目标"。1972 年,联合国教科文组织在报告《学会生存——教育世界的今天和明天》中也强调了要构建学习型社会的未来。学习型社会构建在世界范围内传播,我国也开始了各种不同形式的学习型社会构建实践。随着学习型社会的提出与发展,学习型城市作为构建学习型社会的主体内容,这一概念应运而生。我国将终身学习理念贯穿始终,具体行动涉及终身学习体系的构建、终身学习平台的搭建、终身学习文化的营造和各类学习型组织的创建。同时,各座城市的地方特色也淋漓尽致地体现在打造学习型城市的过程中。①

（二）联合国教科文组织学习型城市大会的主题变迁

受到 20 世纪 60 年代末哈钦斯提出学习型社会的影响,经合组织、欧盟及联合国教科文组织于 20 世纪 70 年代纷纷开始推动学习型城市的建设工作。②1973 年,经合组织就提出教育型城市(Educating Cities)的构想,开始资助"教育型城市"项目,并挑选了 7 座分布在不同地区并具有不同文化背景的城市进行试点建设。③20 世纪 70 年代开始,国际范围内多个国际组织开始关注并推动学习型城市建设,学习型城市的概念逐渐明晰,相关实践不断增多,评价指标体系也逐步完善,到 20 世纪 90 年代前后,学习型城市的各项工作虽稳步推进,但学习型城市建设多集中于发达

---

① R. M. Hutchins, The Learning Society, The New American Library, 1968, p.165.

② 蒋亦璐:《学习型城市建设:理之源与行之路的探索》,华东师范大学 2016 年博士学位论文.

③ 蒋亦璐:《试析全球视野下学习型城市实践基本走向》,载《比较教育研究》2017 年第 8 期.

国家和区域,发展中国家少有参与,国际上的学习型城市发展存在不均衡的情况。①

自 2013 年至今,为推动实现终身学习、建立学习型城市,联合国教科文组织、各会员国及相关组织代表已经连续举办了四届国际学习型城市大会,每届大会间隔两年,并通过主题不同但达成共识的学习型城市宣言。每一届国际学习型城市宣言中的战略目标、行动方向等具体内容会根据国际社会发展状况以及学习型城市建设进程有所调整与更新,但是建设学习型社会、实现终身学习的总体目标与方向始终贯穿其中。

第一届国际学习型城市大会于 2013 年在北京召开,大会通过了《建设学习型城市北京宣言——全民终身学习:城市的包容、繁荣与可持续发展》。②此时世界经济文化发展趋势欣欣向荣,城市宣言亦强调学习型城市在城市建设、经济发展中的重要角色,强调城市是实现终身学习和可持续发展目标的设计师和践行者。并指出通过增强个人能力和社会凝聚力、加强经济发展和文化繁荣、促进可持续发展、促进包容学习、重振家庭和社区学习活力、培育终身学习文化等九个方面的举措建设学习型城市。

2015 年在墨西哥召开的第二届国际学习型城市大会通过了《墨西哥城声明:建设可持续发展的学习型城市》。③《墨西哥城声明:建设可持续发展的学习型城市》对《变革我们的世界:2030 年

---

① 苑大勇等:《从中国北京到韩国延寿:联合国教科文组织学习型城市的传承与创新》,载《开放学习研究》2022 年第 1 期。

② 《建设学习型城市北京宣言:全民终身学习:城市的包容、繁荣与可持续发展》,载《职业技术教育》2013 年第 33 期。

③ 黄健:《墨西哥城声明:建设可持续发展的学习型城市》,载《世界教育信息》2016 年第 9 期。

可持续发展议程》进行了直接回应,其特别关注议程中的第四项目标——"确保全纳、公平、有质量的教育",以及第十一项目标——使"城市和人类居住场所变得更加包容、安全、灵活和可持续发展",聚焦"可持续发展目标"提出了通过终身学习提升个人和社会的责任并采取可持续发展的方式、面向所有市民提供创新多元的终身学习机会,使全体市民推动可持续、包容性地经济增长并从中受益,强调发挥个体的价值与责任成为学习型城市建设的重要战略方向。

2017 年在爱尔兰科克召开的第三届国际学习型城市大会通过了《学习型城市科克行动宣言》。一直以来,学习型城市建设的发展任务多为宏观层面,在此宣言中将建设任务落实于地方层面,着重发挥地方多层面、多主体在学习型城市建设中的作用与价值。《学习型城市科克行动宣言》以"全球目标,本土行动——迈向 2030 的全民终身学习"为主题,强调在地方层面促进终身学习,特别要执行可持续发展目标中有关社会、环境和经济层面的终身学习战略,如促进平等包容、绿色健康的学习和生存环境建设,确保所有人享有安全、健康的工作条件等内容。

2019 年在哥伦比亚麦德林召开的第四届国际学习型城市大会通过了《麦德林宣言:学习型城市促进包容》。[①]彼时全球学习型城市的建设与发展已取得了一定的经验与成果,走向更成熟更全面的建设体系,并直面学习型城市建设中存在的问题——个人的终身学习机会保障,为此,《麦德林宣言:学习型城市促进包容》开始致力于将包容作为终身学习与城市可持续发展的重要原则,聚焦个体学习层面,关注弱势群体、高危群体等所有学

---

①　联合国教科文组织第四届国际学习型城市大会:《麦德林宣言:学习型城市促进包容(中文版)》,朱敏译,载《终身教育研究》2019 年第 6 期。

习者的公平、平等的终身学习机会成为学习型城市建设的重点内容。

（三）联合国教科文组织《教育 2030 行动框架》的要求

2015 年《变革我们的世界：2030 年可持续发展议程》中的第四项目标明确提出要"确保全纳、公平、有质量的教育，增进全民终身学习机会"，其构成了可持续发展议程的重要内容。因此紧随可持续发展议程之后，为助力实现其中的教育目标，同年 11 月联合国教科文组织发布了经多国协商并达成一致的《教育 2030 行动框架》，至此《教育 2030 行动框架》成为世界各国未来十五年的教育新目标以及实施教育的行动指南。

《教育 2030 行动框架》以教育可持续发展目标和实施战略为中心，对全部国家和合作伙伴进行监测，并为实施、协调、资助和监测"教育 2030"提供方法，围绕着教育是"基本人权""公共产品""平等全民"的理念与原则，旨在于 2030 年实现"确保全纳、公平、有质量的教育，增进全民终身学习机会"的总目标，并详细规定了具体目标、实施举措、指导性策略以及协调全球教育努力的组织架构和一系列相关机制。①从《教育 2030 行动框架》提出的教育原则以及教育总目标可以看出，实现公平、全纳、优质的终身教育，建设学习型社会是发展的必然趋势与必然要求。建设学习型社会的内容和目标亦与《教育 2030 行动框架》总目标密切相连，并且《教育 2030 行动框架》进一步指导、引领了学习型社会的建设方向。

二、我国学习型城市的理论脉络

国际学习型城市建设渐趋成熟的态势不仅影响我国教育理

---

① 熊建辉：《迈向全纳、公平、有质量的教育和全民终身学习——〈教育 2030 行动框架〉之总体目标和策略方法》，载《世界教育信息》2016 年第 1 期。

念的改变,而且更为我国学习型城市建设提供了借鉴与发展的契机。回顾我国学习型城市建设的历程,其大致可划分为三个阶段。

(一)摸索起步阶段(20世纪90年代末—2002年)

这一阶段的发展主要表现在以下几方面:首先,20世纪90年代开始,我国学者开始关注这一研究领域并且取得了一定的学术成果,但主要集中在终身教育与终身学习的理论层面。其次,上海市(1999)、北京市(2001)、大连市(2001)、常州市(2001)及南京市(2002)纷纷开始进行建设学习型城市的实践摸索,由此揭开了学习型城市的实践序幕。再次,国家制定的一系列重大教育政策,包括《中华人民共和国教育法》(1995年)、《面向21世纪教育振兴行动计划》(1999年),其中都提出要逐步"建立和完善终身教育体系",从而为学习型城市的提出与明确奠定了政策基础。随后,2002年11月,党的十六大报告在论述实现全面建设小康社会宏伟目标中提出了"形成全民学习、终身学习的学习型社会,促进人的全面发展"的方针,这是党中央在正式文件中首次提出建设学习型社会的设想,自此在国内掀起了建设以城市空间形态为特征的学习型城市的热潮。①

(二)全面探索阶段(2003—2010年)

这一阶段的主要特征如下:一是研究学习型城市的专业性成果不断涌现。例如,《创建学习型城市的理论和实践》②《学无止境,构建学习型社会研究》③等。二是从数量上看,学习型城市的

① 叶忠海等:《中国学习型城市建设十年:历程、特点与规律性》,载《开放教育研究》2013年第4期。
② 叶忠海:《创建学习型城市的理论和实践》,上海三联书店2005年版。
③ 顾明远等主编:《学无止境:构建学习型社会研究》,北京师范大学出版社2010年版。

建设开始从少数实验城市转向多个城市的发展。再从地区来看，学习型城市建设亦从东部沿海一线城市向中西部二线城市不断延伸。三是政策的不断深入。2007 年 10 月，党的十七大报告在论述加快推进以改善民生为重点的社会建设中提出了"建设全民学习、终身学习的学习型社会"，在同一阶段《2003—2007 年教育振兴行动计划》(2004 年)、《国家中长期教育改革和发展规划纲要(2010—2020 年)》(2010 年)等政策文件中都明确提出了建设学习型社会与学习型城市的具体要求。

（三）反思提升阶段（2010 年至今）

随着终身教育和学习型社会建设理念的不断深入，以国家教育规划纲要的颁布为标志，以我国实施"十二五"规划为起始，特别是以习近平同志为核心的党中央提出实现中华民族伟大复兴的"中国梦"为目标，中国学习型城市建设逐渐迈向新的台阶。①其具体特征反映在以下几个方面：(1)学习型城市建设的相关研究更加深入与客观，并且获得的研究建议及成果更具有针对性；(2)逐步认清我国学习型城市建设的现状，通过反思发现了目前存在的问题，且开始了与世界各国学习型城市相融合、相完善的接轨性发展；(3)国家政策的高度重视。2011 年的"十二五"规划进一步强调了学习型城市建设；2012 年 11 月，党的十八大报告在"改善民生和创新管理中加强社会建设"中提出了"完善终身教育体系，建设学习型社会"。2013 年 10 月 21 日，联合国教科文组织首届国际学习型城市大会在北京的召开，国务院副总理刘延东强调指出，"中国政府高度重视全民学习、终身学习，把建设学习型城市作为实现'中国梦'的重要内容"。由此进一步提升了学习型

---

① 叶忠海等：《中国学习型城市建设十年：历程、特点与规律性》，载《开放教育研究》2013 年第 4 期。

城市建设的地位。简言之,我国学习型城市的建设之路就是在以上不断前进、不断完善与不断提升的过程中获得了发展的契机与动力。

　　近几年,我国建设学习型城市研究与实践探索取得了进展,但我国的学习型城市建设仍然相对初级。在面向现代化发展的全新阶段,还存在许多有待解决的问题:一是参与创建学习型城市的城市数量不够多,创建活动尚没有引起一些地方政府的高度重视,存在理论强、口号响,实践弱、力度低的问题;二是推进学习型城市建设的有关重要法规的建设相对缓慢,在大多数城市尚处在调研和草拟阶段,未进入立法程序,制度建设严重滞后;三是国家层面的学习型城市建设统筹协调领导机构和推进机制还不健全,多元主体参与的积极性还没有充分发挥出来;四是学习型城市建设发展不平衡,开展学习型城市建设工作的主要集中在东、中部经济较为发达地区的地级以上城市,中部、西部地区和县级城市开展学习型城市建设工作仍很薄弱;五是部分省的教育行政部门对成人继续教育改革发展还缺乏足够的共识,推进学习型城市建设工作的主体如省级教育厅职成处、市级教育局职成科等部门相对薄弱;六是远程学习平台建设及学习资源建设投入和经费投入没有保障,队伍建设薄弱等。在教育现代化的背景下,上述我国学习型城市建设中的诸多矛盾将会更加凸显,难以满足实现教育现代化 2035 所提出的要求,亟待通过改革与发展解决这些矛盾。

第三节　学习型城市监测的理论

　　监测是学习型城市建设的重要手段,学习型城市监测的各种理念和方法的目的都是在试图反映出一定预期判断下学习型城市建设所取得实际成效,并通过同一城市在不同时间阶段的纵向比较或同一时间不同城市的横向比较,为后续策略和行动提供坐标定位。①在现代化背景下,学习型城市监测的意义重大。

一、国际学习型城市监测的理论发展

学习型城市的建设效果需要通过一定监督、评价手段来体现,"以评促建,以监促建"是国际学习型城市建设的重要引擎。

(一)国际学习型城市监测的基本情况

早在 1998 年,欧洲委员会资助的学习型城市建设项目"TELS",建立了第一份关于学习型城市建设的指标体系。此后,联合国教科文组织连续组织召开了四届学习型城市大会,其间发布了"全球学习型评价指标体系初步框架",欧盟、加拿大等都建立起卓有成效的监测评价体系。这些评价指标促进了各国各地区学习型城市建设的规范化、有效化发展,我国多个城市也加入了全球学习型城市网络,联合国层面对学习型城市实施与成效的关注也为我国学习型城市发展提供了标杆,为监测指标的建立提供了基础和借鉴。总的来说,不论组织或者个人都认为学习型城市的建设肯定了个人与学习型城市、学习型城市与学习型社会的密切关系,其目标与诉求是一致的,都是以个人全面发展、终身学习为主体,从构建区域内学习型城市来推动实现学习型社会。而实施学习型城市监测则是通过"以评督建""以评促建"的方式,对区域学习型城市建设的各个要素指标进行测量分析,了解监督学习型城市的建设水平以及存在的问题,从而加快学习型城市建设的整体进程。其中"推动发展学习型社会,提高建设学习型城市的质量与水平,实现全民终身学习"是学习型城市监测的

---

① 国卉男:《学习型城市治理体系和治理能力现代化建设:理论指南与行动计划》,载《教育发展研究》2021 年第 3 期。

目标,"对区域学习型城市建设的各个要素指标进行测量分析,了解监督学习型城市的建设水平以及存在的问题"是学习型城市监测的核心内容。

（二）境外学习型城市评价指标的比较

1992年,经合组织教育研究与改革中心以"学习型城市"的概念全面总结七座城市的实践成绩与经验,提出了用于引领未来实践的五个核心原则:促进各机构联系协作、协调教育和培训、鼓励各年龄人群共同学习、培养市民对学习机会的识别能力、将建设学习型城市视为改变城市未来的途径。这是"学习型城市"学术概念的首次正式提出,对其关键特征的首次框架性描述,1998年,其总结各国实践,提出了学习型城市建设的概念模型,系统地阐述了目标理念和实践方法（见表2-1）。

表2-1　经合组织提出的"学习型城市"概念模式

组织原则和社会目标	终身学习	生命跨度+生命广度的学习		
		促进正规和非正规学习		
		运用/构建人力资源+社会资本		
社区目标	个体发展	社会/文化发展	环境发展	经济发展
学习技术的运用	社区内部及社区间的联系网络			
成功的决定因素	社区学习	建立合作伙伴关系		
		加强各方面的参与		
		评估绩效和进度		
结果/学习的目标	健康的社区	社会融合与市民参与	环境可持续发展	经济多元化

1998年,欧洲委员会资助的学习型城市建设项目"TELS",被视为第一份关于学习型城市建设的指标体系,共有一级指标10个,二级指标39个（见表2-2）。

表 2-2　欧盟提出的"TELS"指标体系

承诺	信息和沟通	合作与资源	领导力发展	社会包容
● 终身学习战略 ● 终身学习组织 ● 城市终身学习宣言 ● 欧洲项目和导向 ● 城市学习型组织 ● 学习型城市的准备	● 信息化战略 ● 媒体应用 ● 学习文献 ● 终身学习推广	● 伙伴关系类别 ● 新资源利用 ● 现有资源整合	● 现有领导者 ● 新领导者 ● 材料开发	● 学习障碍 ● 认证、标准和测评 ● 特定项目
动员、参与和公民个体发展	技术和网络	提升财富、就业机会、就业能力	环境和公民权	学习活动和家庭参与
● 终身学习工具和技术——个人学习计划、自我导向,学习圈等 ● 公民意识的提升 ● 师资队伍发展和培训 ● 参与和共享策略	● 远程学习 ● 多媒体和开放学习 ● 互联网应用 ● 互联城市	● 就业和技能 ● 财富创造 ● 学习需求分析 ● 市民学习监测 ● 就业力提升计划	● 环境意识 ● 成人和儿童 ● 环境参与 ● 公民权和民主	● 学习庆典、一节日、赛会 ● 学习认证和奖励 ● 家庭学习策略

联合国教科文组织"学习型城市指标体系"的专题研究主要涵盖三个方面的内容。理论研究:对构建意义、原则、方法等核心内容的阐述;个案研究:对国际组织、国家及城市的指标体系进行系统深入讨论;实证研究:利用既有指标体系对某地、某区域的建设工作进行"绩效评估"。联合国教科文组织将评价指标体系初步框架中的 3 个一级指标和 12 个二级指标抽象成了"帕提农神庙",用以表达其相互间的逻辑关系(见图 2-1)。

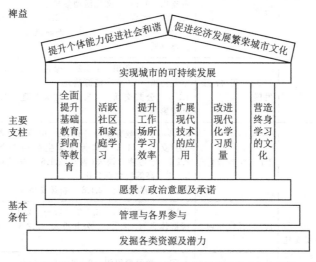

图 2-1 联合国教科文组织帕提农神庙评价指标体系初步框架

欧盟以英国 1998 年提出的一个学习型城市建设质量保障框架为基础,在 2002 年启动的 R3L 项目中设立了"利益相关者自我评价标准"子项目;2012 年又对项目进行了升级(被称为 R3L＋项目,Regional Networks in Lifelong Learning＋,以下简称 R3L＋),设计了欧洲学习城市建设质量标准框架,以供五个利益相关者搜集充分信息进行不断反思与持续改进,R3L＋指导手册确定了详

表 2-3　联合国教科文组织初步评价指标体系①

一级指标	二级指标	三级指标
1. 目标定位	1.1　个人增权、社会凝聚	1.1.1　成人识字率　1.1.2　预计受教育年限　1.1.3　平均寿命　1.1.4　公民参与　1.1.5　贫富差距　1.1.6　(政治)性别平等　1.1.7　(经济)性别平等　1.1.8　校园安全　1.1.9　对公立学校的支持
	1.2　文化、经济繁荣	1.2.1　扶持民办学校　1.2.2　人均国内生产总值　1.2.3　研究和发展　1.2.4　创业经商便捷　1.2.5　艺术/文化/体育支出　1.2.6　文化活动参与　1.2.7　体育活动参与　1.2.8　犯罪水平　1.2.9　事业状况　1.2.10　外商投资　1.2.11　文体场所
	1.3　可持续发展	1.3.1　市民意识　1.3.2　绿色空间　1.3.3　空气污染　1.3.4　能源消耗　1.3.5　公共交通　1.3.6　垃圾管理　1.3.7　环境影响
2. 主要支柱	2.1　学校教育	2.1.1　初等教育参与　2.1.2　中等教育参与(男/女)　2.1.3　非传统学生的高等教育　2.1.4　学习能力缺失(者)　2.1.5　学前教育　2.1.6　高等教育百分比　2.1.7　国际学生　2.1.8　特殊支持
	2.2　社区学习	2.2.1　基础设施　2.2.2　参与　2.2.3　边缘群体参与　2.2.4　公共投入　2.2.5　学习成效
	2.3　工作场所学习	2.3.1　学习型组织　2.3.2　雇员参与　2.3.3　雇主承付　2.3.4　失业人员培训　2.3.5　与教育机构的伙伴关系
	2.4　现代学习技术应用	2.4.1　家庭接通互联网　2.4.2　学校使用计算机　2.4.3　学校接通互联网　2.4.4　职场的学习技术　2.4.5　社区接通互联网　2.4.6　开放与远程教育

①　UNESCO，The UNESCO Global Learning Cities Network，http://pascalobservatory.org/sites/default/files/NormanLongworth29Nov2012.pdf.

（续表）

一级指标	二级指标	三级指标
2. 主要支柱	2.5　学习品质	2.5.1　教师的胜任程度　2.5.2　特殊学习支持　2.5.3　学习者间的友好相处环境　2.5.4　各种品质教育　2.5.5　学习成果评估　2.5.6　毕业生的就业能力　2.5.7　毕业生的工作业绩
	2.6　终身学习文化	2.6.1　倡导学习　2.6.2　信息和服务　2.6.3　开放灵活的学习环境　2.6.4　认可和奖励　2.6.5　家庭图书的利用　2.6.6　公共图书馆
3. 基本条件	3.1　政策规划	3.1.1　政策战略　3.1.2　组织领导　3.1.3　社会支持　3.1.4　公众宣传　3.1.5　其他资源
	3.2　利益相关者的参与	3.2.1　合作机制　3.2.2　参与　3.2.3　推进政策　3.2.4　关注市民需求　3.2.5　定期监督和评估
	3.3　资源调动与整合	3.3.1　资金投入　3.3.2　外部资金　3.3.3　利益相关方的贡献　3.3.4　弱势群体的补贴　3.3.5　社团和智力资源　3.3.6　国际合作

细的质量标准,并进行了量化赋分,具体包括 4 个质量维度、8 个质量观测点和 33 个质量标准（表 2-4）。

表 2-4　欧洲"R3L＋"质量标准和指标①

维度	观测点	内容标准	1 级 (3)	2 级 (2)	3 级 (1)	累计
1. 平台网络	1.1　愿景、使命与目标	1.1.1　共同愿景的定义	4			12

———————

① 　T. Eckert，R. Preisinger-Kleine，C. Fartusnic，etc.，Quality in Developing Learning Cities and Regions: A Guide for Practitioners and Stakeholders，http://www.learning-regions.net/images/stories/rokbox/r3l_handbook_ english.pdf.

（续表）

维度	观测点	内容标准	1级（3）	2级（2）	3级（1）	累计
1. 平台网络	1.1 愿景、使命与目标	1.1.2 共同使命的定义	2	1		8
		1.1.3 明确的可量化目标	1	2	1	8
		1.1.4 明确聚焦的策略		2		4
	1.2 协作的原则、渠道与结构	1.2.1 存在明确、共享的协作原则和协议				0
		1.2.2 存在清晰的沟通渠道			1	1
		1.2.3 存在管理和运营责任的正式结构		1	1	3
	1.3 合作伙伴	1.3.1 合作者的覆盖范围		1		2
		1.3.2 确定的伙伴角色和责任			1	1
		1.3.3 信任和开放的合作伙伴关系			3	3
2. 参与质量	2.1 利益相关者的参与	2.1.1 关键利益相关者积极参与	7		1	22
		2.1.2 主要、次要利益相关者有参与机会	1	1	3	8
		2.1.3 覆盖广泛的公众或社区		1	1	3
		2.1.4 对远离学习机会者有保障措施		3		6
	2.2 网络与传播	2.2.1 公民能便捷使用网络		2	1	5
		2.2.2 有明确有效的传播策略			1	1

（续表）

维度	观测点	内容标准	1级（3）	2级（2）	3级（1）	累计
3. 可持续性	3.1　评价	3.1.1　对战略方向、政策和实践监控与评估	1	1		5
		3.1.2　优先进行（质量）评估和审查	2	1		8
		3.1.3　适应区域情况的测量方法	1	1	2	7
		3.1.4　受广泛认可的评价结果		2	1	5
	3.2　接受评价结果的意愿和能力	3.2.1　信息共享	1	1		5
		3.2.2　接受结果（成功/失败）并继续行动	1		1	4
		3.2.3　定期公布评价结果		2	3	7
		3.2.4　持续记录评价结果			1	1
		3.2.5　将评价结果应用到新的计划	2	1		8
4. 文化氛围	4.1　文化氛围	4.1.1　有普遍认可的学习目标和结果	3	1		11
		4.1.2　学习被纳入地方改革与发展的战略	3	1		11
		4.1.3　跟踪评估学习质量		2	1	5
		4.1.4　提升学习能力	1		1	4
		4.1.5　激励成人学习	1	4	1	12
		4.1.6　定期评估学习对成年人群的影响			3	3
		4.1.7　积极评估正式、非正式学习			2	2
		4.1.8　采用市场方法促进学习				0

所谓综合指数,就是一种反映事物综合变动的测量工具,即将影响事物发展的不同维度进行可度量的量化和加总,以进行持续追踪分析,如物价指数、证券指数等。加拿大学习委员会(Canadian Council on Learning)为测量终身学习的实际成效,借鉴这一理念开发设计了综合学习指数(Composite Learning Index),以为国家提供全加拿大终身学习的年度报告。

综合学习指数的设计充分采纳了国际社会关于终身学习的研究:借鉴《教育——财富蕴含其中》,综合学习指数将学会认知、学会做事、学会共处、学会生存设计为指数的四大范畴内容;借鉴经合组织《能力界定与遴选:理论框架与概念基础》和国际学生评价项目,吸纳了八大能力和四大素养等框架作为构成要素;借鉴舒尔茨(Theodore W. Schultz)资本理论,从人力资本、社会资本、个体资本出发确立确定具体指标的技术和方法。对国际终身学习的时间政策进行了系统的梳理,立足加拿大本国实情,采纳严格的综合指数建立步骤完成了最终开发工作(表 2-5)。

表 2-5 加拿大综合学习指数的具体构成①

范畴	构成要素	具体指标	数据来源
1. 学会认知	1.1 15 岁青少年学生的素养技能	1.1.1 科学素养平均分	PISA 测试结果经合组织、加拿大统计局发布
		1.1.2 数学素养平均分	
		1.1.3 阅读素养平均分	
		1.1.4 问题处理素养平均分	
	1.2 高中辍学率	1.2.1 20—24 岁没有完成高中教育的青年比率	劳动力调查统计局发布
	1.3 高中后教育参与率	1.3.1 20—24 岁参加高中后教育的青年比率	
	1.4 大学参与率	1.4.1 25—64 岁完成大学课程的成人比率	

① Canadian Council on Learning, Developing the Composite Learning Index: A Framework, Ottawa, 2006.

（续表）

范畴	构成要素	具体指标	数据来源
1. 学会认知	1.5 学习机构的使用	1.5.1 到达大学或学院所需的平均时间	学习咨议会统计
		1.5.2 到达初等或中等学校的平均时间	
2. 学会做事	2.1 参加工作场所培训的机会	2.1.1 为员工提供培训的企业比例	工作调查统计局发布
	2.2 与工作有关的培训参与情况	2.2.1 25—64岁成人参加与工作有关的培训的比例	
	2.3 职业培训机构的使用	2.3.1 到达职业学校、商业学校和文秘学校的平均时间	
3. 学会共处	3.1 社区机构的学习使用	3.1.1 到达图书馆所需的平均时间	统计局发布
		3.1.2 到达商业协会、市民协会所需的平均时间	
	3.2 志愿服务的参与率	3.2.1 参加无报酬工作的加拿大人的比例	志愿服务调查统计局发布
	3.3 俱乐部、社团组织参与	3.3.1 家庭用于参加俱乐部和社团组织的开支比例	家庭消费调查统计局发布
	3.4 跨文化的学习交流	3.4.1 与不同文化背景的人进行交流的加拿大人比例	学习态度调查学习咨议会发布
4. 学会生存	4.1 媒体的使用	4.1.1 家庭用于网络服务上的开支比例	家庭消费调查统计局发布
		4.1.2 家庭用于阅读材料和其他印刷品上的开支比例	
	4.2 文化活动中的学习	4.2.1 在参观博物馆、美术馆等上有所开支的家庭比例	
		4.2.2 在观看现场表演上有所开支的家庭比例	
	4.3 运动娱乐中的学习	4.3.1 在游戏和运动器材上有所开支的家庭比例	

53

(续表)

范畴	构成要素	具体指标	数据来源
4. 学会生存	4.4 文化资源的使用	4.4.1 到达博物馆和美术馆等用的平均时间	学习咨议会统计
	4.5 宽带互联网的使用	4.5.1 使用无线电话、有线电视和数字、线路的家庭比例	工业部统计

　　1993年,韩国光明市议会提出"建立终身学习城市宣言",这是韩国首次开始推动终身学习城市建设。2001年,韩国中央政府开始介入,依据《终身教育法》颁布了"建立终身教育的五年计划",启动了终身学习城市的专业化工程,支持和补助地方政府终身学习城市建设。这一计划并不是面对所有城市开放的,需要地方政府提出申请之后,由市道教育厅、教育科学技术部依次依照基准进行审查,通过率约为三分之一到一半,审查所采纳的基准就是韩国终身学习城市评鉴指标(见表2-6)。

　　这一评鉴指标主要是韩国教育科学技术部用来确定是否支持和补助地方终身学习城市建设的依据。指标的主体部分主要是对地方建设终身学习城市计划的审核,指标内涵也多设置为"计划是否具有某个条件"的判断性问题,如"是否反映地方特色?"

表2-6　韩国终身学习城市评鉴指标①

层面	指标	内涵	分值
1. 计划目标	1.1 未来计划的合理性	1.1.1 是否能够反映地方未来计划的特色?	10
	1.2 目标的设立与具体性	1.2.1 是否能够针对目标提出明确具体的工作计划?	
	1.3 居民参与程度	1.3.1 在未来计划中,是否能确实反映居民对终身教育的需求?	

（续表）

层面	指标	内涵	分值
2. 计划组织	2.1　法规制定	2.1.1　是否能够制定相关的法律并促进终身教育体制的革新？	35
	2.2　组织的创立与运行	2.2.1　终身学习城市专职部门与执行机构未来计划的合理性。	
	2.3　专职人员	2.3.1　终身学习城市的专职部门与执行机构中的终身教育师等专职人员配置是否合理？	
		2.3.2　未来终身学习城市的专职部门与执行机构中的终身教育师等专职人员配置计划的具体性与科学性。	
	2.4　创设协议会	2.4.1　协议会的组成与功能是否达到目标，并满足地方居民的需求？	
		2.4.2　未来协议会运作计划的具体性与合理性。	
	2.5　网络构建	2.5.1　为达到地方自治单位各部门与教育部门的联系与合作，各单位是否能就工作任务提出具体且合适的内容。	
		2.5.2　未来更新发展网络的计划是否良好？	
	2.6　信息系统的构建	2.6.1　是否提供地区终身学习信息系统和适当的网络促进计划？	
	2.7　促进民众参与（宣传策略）	2.7.1　是否有为促进地方机构与民众对终身学习活动的参与（包含实际宣传）以及具体计划的研究？	
3. 计划内容	3.1　年度工作计划	3.1.1　是否提出促进终身学习的工作内容与日程，以及是否制定具体的工作内容？	30
	3.2　终身教育机构	3.2.1　为促进终身学习城市而设立的机构的实际状况与设置计划。	

（续表）

层面	指标	内涵	分值
3. 计划内容	3.3 终身教育系列活动	3.3.1 终身学习活动的开发与运行是否能反映地方特色与发展蓝图？	30
	3.4 举行终身学习的相关活动	3.4.1 举办终身学习的相关庆典、研讨会、进修活动等的实际情况，以及是否提出适当的计划。	
	3.5 预算	3.5.1 地方政府的预算中对终身教育所投入的预算与比例是否适当？	
4. 计划评估	4.1 工作评估与管理	4.1.1 是否有终身学习城市计划的自行评估机制与结果反馈系统？	10
	4.2 预期效果	4.2.1 预期通过终身学习城市计划对产生成果的适当性与可能性。	
5. 实地审核	5.1 地方负责人的意见	5.1.1 地方自治单位负责人及协议会是否提供必需的力量与决心？	15
	5.2 相关人员的能力	5.2.1 专职部门与执行机构相关人员的实践能力与态度。	
	5.3 计划的适切性	5.3.1 计划是否符合当地实际情况，是否具有实践的可行性？	
6. 额外审核	6.1 相关工作项目的共同工作计划	6.1.1 中央行政单位的终身教育相关工作计划的具体性与可行性。	3
	6.2 财政独立程度	6.2.1 地方政府的财政充足程度。	
总计			103

　　欧盟"TELS"指标体系和联合国教科文组织"帕提农神庙"指标体系同属于特征指标体系。欧盟"TELS"指标体系设计开发时，"教育型城市"已经在欧洲部分国家实践超过二十五年；联合国教科文组织"帕提农神庙"指标体系公布时，全球范围已经有更多国家开展了更长时间的实践，并且进行了多次交流。显而易见，特征指标体系，主要是高度概括"域内"关于学习型城市建设

认识与实践的最大共识,为行动落实提供一个行动框架。因此,指标体系往往全面而粗略,对实践往往有引领作用而缺乏可操作性,要转化为评估性指标,需要根据具体实际进行再开发,与具体时间的关联度较低。

韩国终身学习城市评鉴指标属于计划审核指标。在韩国是由教育部教育科学技术部对照相应指标,审核各县市制定的行动计划是否可行,以确定是否通过计划并为之提供补助。因此,在内涵上,所有指标设计,基本是判断计划目的、原则、内容、准则、经费等环节是否完备科学,也多以判断其是否具备某个要件为基本标准。因此,计划审核指标本质上是一个判断性标准,且应用于行动开始之前,对实践具有非常重要的指导意义,与实践的关联度高。

欧洲"R3L+"质量保证框架、加拿大综合学习指数和《全国学习型城市建设监测指导性指标体系(试行)》,同属于质量评估指标。这些指标主要是用来衡量各城市实践的实际绩效,通过评估监督来保证实践质量,是专门开发的评价工具。因此,指标体系设计的目的,主要是通过结果来评估相关策略执行结果的优劣,指标内容主要是根据学习型城市的理念和域内的具体事情,确定评价对象,提供评价方法,确立评价主体,根据评价目的确定收集统计数据的范围,与实践是密切关联的,非常具有针对性。

二、我国学习型城市监测的本土重构

国际上学习型城市建设渐趋成熟的态势不仅影响我国教育理念的改变,而且更为我国学习型城市建设提供了借鉴与发展的契机。近年来,随着学习型城市建设重要程度的不断提高,在国际指标和本土经验的基础上,我国国家及各省市学习型城市监测指标体系也逐渐构筑。

（一）我国学习型城市监测指标的整体情况

为探索当前我国学习型城市监测指标主要的价值取向和监测重点，使用质性研究工具 Nvivo12.0 对现行《上海市学习型城区创建监测指标（征求意见稿）》及其附件《"上海市学习型城区创建监测指标"数据项（征求意见稿）》，以及《北京市学习型城区建设监测指导性指标体系（修订版）》《全国学习型城市建设监测指导性指标体系（试行）》三个监测指标进行分析，以词汇长度为 2 进行文本词频分析。除去部分无实际意义的词汇外，共获得词频为 5 次以上的高频词汇共计 171 个，涵盖当前强调的监测重点（见图 2-2）。其中出现频次最高的就是"学习"（194 次）与"教育"（173 次），是监测的核心与内容；其次是"社区"（101 次），说明我国学习型城市监测主要以社区为单位；然后是"数据"（83 次）和"统计"（74 次），尽管在结构上三个指标体系均有质性和

图 2-2　学习型城市监测指标词频图

量化指标的设计,但最为强调的监测方式是以数据和统计的形式出现。除去这些和监测本身高度相关的内容外,根据词频,本书梳理了监测的几个主题。

(二)重点监测对象以城市居民为主,强调师资培养和继续教育

由于本书是针对指标本身进行的分析,而指标内容主要以叙述性文字为主,因此高频词中名词的比例非常高。其中涉及监测的"对象"和"人群"概念的描述非常多,虽然各指标对人群的指称各有不同,但整体指向是比较类似的(见图 2-3)。其中直接提及"人群"和"对象"共计 23 次,"人口"出现了 24 次,在整体词汇中的占比靠前。而具体的人群方面,主要以城市居民为主,"市民"提及 26 次、"居民"提及 11 次,整体上还是以城市居民的统计为主。此外,指标中多次提到"教师"和"师资"等问题,共计出现 32 次,累计占比近 19%,说明从国家到地方在学习型城市的建设中非常重视对教师层面的考量。与此同时,学习型城市建设较多关切普通教育之外的人群——成人及老年人,也是我国教育体系中长

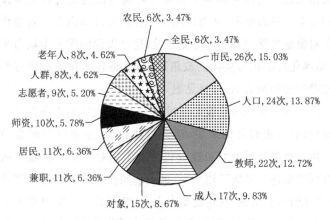

图 2-3　监测指标中有关监测对象的词汇

期被忽视的两个板块,三地的指标中在老年教育和成人教育上均有所涉及。此外,尽管提及次数不多,农业和农民也被涵盖在学习型城市建设的范畴中,这和我国的整体大政方针以及我国人口状况也是相符的。

(三)涉及多元主体,强化对资源与平台的关注

大部分教育监测指标的设计主体执行部门是教育行政部门或教育监测机构,学习型城市的监测也不例外,而提及最多的是区委和区政府,说明学习型城市的监测主要以"区"作为监测单位。并且学习型城市的监测涉及的主体非常多,其中在教育监测指标中比较少提及的"企业",共计出现了 13 次,是出现频率非常高的主题词汇,体现了国家和地方对于"企教合作"的关注和推动。在明晰主体的同时,监测指标也大量提出对资源和平台建设的要求,其中"资源"一词就出现了 29 次,"平台""基地""品牌"也被大量提及。英国、德国等国家也通过建立地区或全国范围的学习型城市网络和统一平台,搭建资源来推进学习型城市建设。在教育部职成司提出的监测项目实践的通知中,也明确提出搭建监测工作信息化交流与服务平台和学习型城市建设过程与建设水平的动态信息数据库,从而以北京、上海、浙江和山西等省市作为试点对象推进学习型城市监测建设,这足以说明学习型城市平台化、品牌化发展成为整体的政策要求,也是各地在进行学习型城市建设时必须努力的方向(见图 2-4)。

注重学习型城市建设的质量提升,提高政府的服务能力。所有高频词中,相对名词来说,动词整体较少,主要以正向推动为主。当前我国学习型城市建设仍然处于相对初始的阶段,"从无到有"的"创建""创新""建立"等词出现频次较高;而"继续""持续提升"等词亦有出现,在建设要求上,已经开始注重学习型城市建设的质量提升。除此以外,高频动词中,"提供"和"服务"二词各

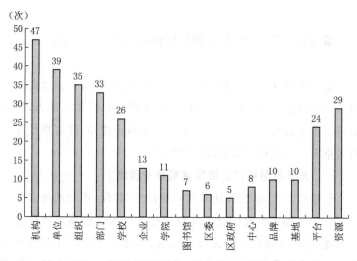

图 2-4 监测涉及的主体、资源以及平台高频词

出现了 20 次,在部分指标体系中,直接提出了对行政部门"提供服务"的要求,同时也存在提供资源、服务于市民学习等概念,远高于传统行政层面的"管理"和"领导"的频次(见图 2-5)。

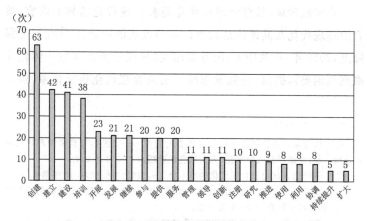

图 2-5 监测指标中的动词高频词

第四节　教育现代化对学习型城市建设的理论意义

推进教育现代化是我国顺应世界潮流、由教育大国迈向教育强国的必经之路,是我国实现社会主义现代化的重要助力,教育的进步推动着社会的发展。对于学习型城市建设,教育现代化也起着重要的理论指引和实践先导作用。

一、为学习型城市建设提供引导与保障

从概念上来说,现代化其实就是经济、制度、观念的社会整体转型。而要真正实现社会主义现代化就意味着必须发展社会主义市场经济、建设社会主义民主政治、实现人的现代化。[1]教育现代化是社会现代化的组成部分,是社会发展到一定的阶段对教育提出的要求。[2]在新时代,我国教育现代化的发展应当坚持贯彻党的教育方针、兼顾教育为现代化服务和实现教育自身的现代化、确保教育自身的优先发展与对社会发展的优先引领以及贯彻"更加注重融合发展"的理念推动教育现代化的发展。[3]

在实践领域,教育治理现代化是教育现代化的核心内容,教育治理现代化及其评价是教育改革与发展的突破口。[4]在制度保障上,2019 年,中共中央、国务院印发《长江三角洲区域一体化发展规划纲要》,提出"研究发布统一的教育现代化指标体系,协同

---

[1]　檀传宝:《论公民教育是全部教育的转型——公民教育意义的现代化视角分析》,载《安徽师范大学学报(人文社会科学版)》2010 年第 5 期。

[2]　顾明远:《试论教育现代化的基本特征》,载《教育研究》2012 年第 9 期。

[3]　喻聪舟等:《七十年来我国教育政策中教育现代化定位变迁的趋势及启示》,载《教育科学研究》2020 年第 6 期。

[4]　秦建平等:《教育治理现代化及其监测评价研究》,载《中国教育学刊》2016 年第 12 期。

开展监测评估,引导各级各类学校高质量发展";①2020 年在教育部发展规划司的指导支持下克服疫情影响形成初稿;2021 年教育部印发《长三角教育现代化指标体系(试行)》,为长三角地区的发展提供了政策上的指导。这一系列促进区域发展的协议、规划与建设指标为学习型城市建设与监测提供了制度框架,也为学习型城市的区域集群化发展提供了统筹协调的样本。与之对应的是,学习型社会和学习型城市建设同样为学习型城市建设提供支撑,如上海市教育委员会等七部门《关于进一步推进本市学习型社会建设的若干意见》提出:"到 2025 年,建成具有国际影响力的学习型城市,使学习型社会建设成为支撑人和城市可持续发展的基础设施和动力引擎。"②因此关键在于要把我国城市建设和国家城市发展战略紧密结合,更好地服务于国家和城市的可持续发展,服务于教育现代化乃至国家的现代化建设。因此,面向 2035 教育现代化,学习型城市和学习社会建设需进一步加速推进。

二、为学习型城市建设提供基础与框架

在全球化的趋势下,不论是经济博弈、政治外交还是文化融合,均处在一个合作与共赢的全新时代。要有效发挥终身学习的国际性、互动性和对话性,在密切关注国际终身教育和学习型社会建设理论与实践研究的主流前沿动态的同时,从我国实际发展情境和文化基础出发,依托终身教育的文化融合,推进学习型城市研究体系在未来发展中的样态。要回归人的发展与社会的互动关系,进一步明确终身教育文化融合的内生性价值以及可持续性和创新性;深入挖掘其所蕴含的深层次内涵,不断更新和充实

---

① 《长江三角洲区域一体化发展规划纲要》,载中华人民共和国中央人民政府网,http://www.gov.cn/zhengce/2019-12/01/content_5457442.htm。

② 《中共中央关于全面深化改革若干重大问题的决定》,载中华人民共和国中央人民政府网,http://www.gov.cn/jrzg/2013-11/15/content_2528179.htm。

学习型城市的主体观、时空观和发展观。要准确把握终身教育融合发展和学习型城市建设所具有的时代特征,在发展目标层面上通过教育的力量促进人类命运共同体建设,从宏观和微观层面不断寻求其在实践与理论研究中的实质价值及质量突破,从而完善我国终身教育体系,推动形成促进人的全面发展的学习型城市建设新格局。[①]

三、为学习型城市评价提供参考与指导

当前全球城镇人口已经达到了 56%,把城市作为全球治理的重要途径是未来可能的发展趋势,在这一进程中,存在对学习型城市的内涵与理念认识把握不足的问题。学习型社会把人和人之间的差异归因于学习之间的差异,实践中教育均衡乃至社会公平等核心问题有待深度思考。此外,在通过学习型社会来建构和谐社会已经成为一种政策共识的同时,其在实践上的动力机制也有待深挖。与此同时,在具体的理论研究上,对国际学习型城市建设的前沿理论吸收不足,理论研究发展还相对缓慢,对理念的把握不足,有待进一步对标联合国可持续发展目标和别国先进经验。需要结合中国学习型城市建设的本土经验,针对自身的发展水平进行特色化、针对性地研究,通过监测的方式找到学习型城市建设的核心问题,从而提升监测指标的可操作性和学习型城市建设的改进实效。

学习型城市建设是支持市民和城市可持续发展的基础设施,监测是研判学习型城市建设的水平以及进行学习型城市评价行之有效的抓手,充分反映人和城市可持续发展的各个方面。但是当前我国学习型城市建设监测指标缺乏教育现代化的理论指导,

---

① 赵华等:《面向现代化的新时代学习型城市建设的国际视野与国内经验》,载《教育与职业》2021 年第 21 期。

导致了学习型城市监测的精准性不足,涉及相关概念的指标主要集中在投入方面,探讨"确保经费投入的稳定性和可持续性",实际可供执行的监测内容为"经费占比""总投入"和"总预算"。尽管在设计上考虑了横向和纵向对比从而能在一定程度上了解经费的增减,但并不具备真正意义上动态长效监测可持续性的能力。需要通过现代化理论的浸润,通过学习型城市监测指标的完善优化学习型城市治理能力,从而保障各层面人群的包容以及多种学习资源的可持续。

第五节　教育现代化视域下学习型城市建设的原则

建设学习型城市,是新时代助推城市实现高质量发展的现实需要。奋力开创新时代学习型城市高质量发展新局面,既是高质量发展的内在要求,也是高质量发展的重要条件,因此,在教育现代化视域下,学习型城市建设需要秉持四项原则。

一、坚持统筹发展,以政策为先导

学习型城市建设并非教育领域的专门工作,作为一项复杂的社会系统工程,必须调动社会各方的积极性,坚持以党政为主导、政府推动与社会推动相结合的运行机制。在我国,创建学习型城市的成功实践表明:创建学习型城市需要有党和政府强有力的推动,这是我国建设学习型城市的政治优势和基本特点;需要形成"多力合一"整体性推进的运行机制,即党政主导力、市场调节力、社会参与力、教育支撑力、基层社区和单位自治力、社会民众主体力整合成统一的力量,整体性推进学习型城市的构建。[①]学习型城

---

① 叶忠海等:《中国学习型城市建设十年:历程、特点与规律性》,载《开放教育研究》2013年第4期。

市是一个涉及多个部门、跨越不同行业、涵盖众多领域的社会性系统工程,需要不同的利益相关者通力合作。需要政府、企业、学校、组织机构等行为主体以学习和知识互动为基础所构建、形成的关系网络和文化生态。只有切实发挥好政府的政策主导作用、学校的教育培养作用、企业的资源供给作用、文化服务组织的基层服务作用、社会团体的组织协调作用和媒体的舆论导向作用,编织一个科学动态的合作网络,才能推动学习型城市的高质量发展。与此同时,要把握好政策先导作用,坚持政府主导,牢牢围绕国家大政方针,强化政策落实和基层制度建设,通过全社会共同参与建设、共同参与治理,推动建设"人人皆学、时时能学、处处可学"的学习型社会。

二、坚持融合发展,形成共建共享机制

党的二十大围绕"融合"一词,作了一系列重要部署,为相关行业的融合发展指明了方向,提供了更为广阔的空间。融合发展,本质是"共建共享共赢",核心是打破固有的思维定势和观念壁垒,在更高层次、更宽领域、更大范围配置资源。融合发展,是时代的趋势。[①]面向教育现代化,以学习型城市建设为发力点,推动教育向社会开放、向产业开放;推动学校教育、社会教育、家庭教育有机结合,更大范围地辐射学习型城市建设成果。合理整合图书馆、文化中心、体育中心、市民活动中心、博物馆、校外实践基地等教育资源,向市民开放文化、科技、体育、娱乐等场所,促进社会各类资源的集聚联动,形成区域学习资源服务圈,形成共建共享机制。

三、坚持包容可持续,促进每个人的发展

人民城市人民建、人民城市为人民,促进人的全面发展,实现

---

① 陆仁:《"融合发展"的本质是"共建共享共赢"》,载宁波晚报,http://opinion.cnnb.com.cn/system/2023/03/02/030460755.shtml。

人的现代化是增进人民福祉、推进现代化建设的本质要求。正如诺曼·朗沃斯(Norman Longworth)提出的,在学习型城市中,学习以激发和满足每一个人的学习需求为出发点、以培养学习者的学习能力来应对城市发展挑战为主要任务、以提升人的思考能力(如何思考)为目标,更加凸显学习者的主体地位。就学习者个体而言,学习型城市能够为每一个人提供贯穿其一生所需的教育与学习机会,以帮助其具备学习的能力,从而使其更加自主和持续地去挖掘自身潜能,获得自身的全面发展。①实践已经表明,建设全民终身学习的学习型城市,提高每个人的学习能力,是通过全面发展实现个体现代化的有效途径。学习型城市建设是现代城市可持续发展的基础性工程,要充分发挥市民个体的主体性,在大力倡导市民"树立终身学习理念、实践学习化生存方式"的同时,激发他们参与学习型城市建设全过程。同时,基于各城市的自然条件、人文历史、经济社会发展水平构建终身教育体系,通过充分调动多种资源和多方社会力量,为学习型城市建设提供强有力的人才支撑和智力支持。

四、坚持改革创新,提升供给能力

学习为可持续发展提供源源不绝的动力,建设人人学习、终身学习的学习型城市,开发市民潜能,增强社会凝聚力,创造持续繁荣,从而为实现学习型社会提供不竭动力和坚强保证。如今在互联网等技术迅速发展的社会中,终身学习已经成为必要的能力,并且学习形式、方法、内容都已经大不一样。信息技术和互联网的发展已经变得无处不在,教育资源和学校机会也变得更多,正式教育、正规教育和非正式、非正规教育的界限越来越模糊,学

---

① 蒋亦璐:《学习型城市建设:理之源与行之路的探索》,华东师范大学 2016 年博士学位论文。

习的空间也在不断地扩大，当前的学习形式已经是多元、复杂、个性化的混合式教学。在这种背景下，学习型城市项目的设计者要及时关注时代发展的特色，设计出符合时代特征的学习型城市项目，同时本地政府也需要去解决各种问题。①因此要把握住创新动力，应用大数据、云计算等手段，跨界整合各类数字化学习资源，充分挖掘市民学习需求，不断优化数字学习环境，探索教育发展模式，丰富学习型城市建设载体。发挥好学习型城市建设工作机制作用，开展学习型城市建设动态监测，以测促建，提升学习型城市建设水平。

本章小结

在教育现代化背景之下，学习型城市建设是加快构建终身教育体系和建设全民学习、终身学习的学习型社会的重要基石。随着学习型城市建设的逐步推进，学习型城市的建设理念、实施制度、发展模式等各个方面不断深入、创新。我国将终身学习理念贯穿始终，具体行动涉及终身学习体系的构建、终身学习平台的搭建、终身学习文化的营造和各类学习型组织的创建。②

从理论上来看，本书认为教育现代化是以现代信息社会为基础，以先进教育观念为指导，运用先进信息技术的教育变革的过程，是传统教育向现代教育转变的过程，是学习型城市建设的重要目标。面向 2035 年，构建服务全民终身学习的现代教育体系和建设学习强国成为实现"两个一百年"奋斗目标的重大国家战

---

① 诺曼·朗沃斯等：《反思与创新：学习型城市理念演进及未来》，载《开放学习研究》2017 年第 2 期。
② 国卉男等：《学习型城市监测：从国际实践到本土重构》，载《职教论坛》2022 年第 2 期。

略。建设学习型城市,是历史发展与社会进步的必然,更是城市文明发展的必由之路。国际上学习型城市建设的实践与理念,强调包容性学习与终身学习文化营造,凸显了推进的可持续性。学习型城市建设是"办好人民满意的教育"教育现代化远景描绘的重要支柱,是教育现代化发展的重要组成部分,而教育现代化的理论为学习型城市建设提供了坚实的理论基础,为学习型城市建设提供了发展方向。随着学习型城市建设实践的持续深入,国内外学习型城市理论也持续发展跃升,在联合国教科文组织和各国、各地政府的努力下,形成了丰富的理论样态,为进行学习型城市建设研究提供了丰富的养料。

而实施学习型城市监测则是通过"以评督建""以评促建"的方式,对区域学习型城市建设的各个要素指标进行测量分析,了解监督学习型城市的建设水平以及存在的问题,从而加快学习型城市建设的整体进程。其中"推动发展学习型社会,提高建设学习型城市的质量与水平,实现全民终身学习"是学习型城市监测的目标,"对区域学习型城市建设的各个要素指标进行测量分析,了解监督学习型城市的建设水平以及存在的问题"是学习型城市监测的核心内容。①

在深入分析教育现代化、学习型城市建设和学习型城市监测理论的基础之上,本章首先强调了教育现代化对学习型城市建设的理论意义,包括教育现代化政策为学习型城市建设提供引导与保障,教育现代化理论研究为学习型城市建设提供基础,对理论与实践关系认识不足的反思。接着总结了教育现代化视域下学习型城市建设的若干原则,包括坚持统筹发展,以政策为先导;坚

---

① 国卉男等:《学习型城市监测:从国际实践到本土重构》,载《职教论坛》2022年第2期。

持融合发展,形成共建共享机制;坚持包容可持续,促进每个人的发展;坚持改革创新,提升供给能力。这些原则既是由理论概括中获得的学习型城市建设应把握的重要内容,同样也是经实践验证的优秀学习型城市建设的重要经验,应视为教育现代化视域下学习型城市建设与监测的前提。

第三章 教育现代化视域下学习型城市建设与评价的国际理念与实践

自 2015 年起,联合国教科文组织结合国际学习型城市大会开展了全球学习型城市奖的评选,在集群理论的视域下,构筑了全球学习型城市网络。自 2013 年 10 月我国政府与联合国教科文组织在北京联合召开首届"国际学习型城市大会"之后,联合国教科文组织接连召开了四届国际学习型城市大会,会议凝聚全球经验,先后明确了学习型城市的关键特征与重要功能,并倡导各国政府从国内实际、国际视野出发积极采取本土行动,努力实现包容全民终身学习、持续发展的奋斗目标。为了解这些国际学习型城市的优势,借鉴其建设与评价过程中的成功经验,本章首先基于全球视野分析联合国教科文组织学习型城市的价值驱动与全球图景,从整体上把握世界学习型城市建设的经验,再进一步聚集于四个学习型城市即光明市(韩国)、墨西哥城(墨西哥)、巴赫达尔(埃塞俄比亚)、爱丁堡(英国)的具体建设举措和过程,从大到小,分析总结学习型城市建设与评价的国际理念与实践经验。

第一节 联合国教科文组织学习型城市的价值驱动与全球图景

在包括我国在内的多个国家的推动下,迄今为止,全球范围内探索学习型城市建设城市早已超过 1 000 个。由联合国教科文组织终身学习研究所(Institute for Lifelong Learning,以下简称UIL)负责协调,在北京、杭州等多个城市的支持下,基于集群理论,联合国教科文组织构建了全球学习型城市网络。在这一框架中,为了表彰为推进联合国可持续发展目标,特别是在"全民教育与终身学习"领域作出突出贡献的城市,联合国教科文组织于2015 年开始设置一项国际双年奖——"联合国教科文组织学习型城市奖"(UNESCO Learning City Award)。获奖城市有着不同的历史、文化、经济和政治背景。随着"联合国教科文组织学习型城市奖"的评价机制逐渐完善,这一奖项的颁发也与"国际学习型城市大会"同时展开,影响力持续扩大,受到各国的重视和全球的关注。在城市集群理论视域下,全球学习型城市网络已经展现了相对广阔的全球图景,在学习型城市评价框架的指引下,基于集群理论,逐渐形成了跨越全球多个大洲的全球学习型城市集群,也展露出这一集群内部兼具共性与特色的发展密码。为了更为集中体现全球学习型城市网络集群的发展特征,本节以获奖的 48个城市为例,探索这些"优秀"城市的原因、价值逻辑与动力机制,对全球以及我国学习型城市建设有着重要的参考意义。

一、全球学习型城市网络集群的概念内涵

全球学习型城市网络从创立之初至今一直受到世界的关注,有着具有时代特色的建设背景与丰富的理论意蕴,其中以"联合国教科文组织学习型城市奖"获奖城市为代表,分析学习型城市

集群其形成与发展的重要意义与价值逻辑，对全球学习型城市的
建设与发展都有重要的参考价值与借鉴意义。

全球学习型城市网络是在集群（Cluster）理念之下构筑起来
的，目前已形成由来自 64 个国家的 229 个城市组织的全球学习
型城市网络。①这一网络通过以下方式支持其成员城市：促进政策
对话和同行学习、记录有效的策略和最佳实践、培养合作关系、提
供能力建设、开发工具来设计、实施和监测学习型城市的战略。②
在该网络内的城市拥有申报"联合国教科文组织学习型城市奖"
的资格，由 UIL 负责具体组织申报、评审和发布等工作，每两年组
织一次。参选的城市需要自行填写奖励申请表并提供申报材料，
并由市长签署同意书，由该城市所在国家的联合国教科文组织全
国委员会进行申报。每个联合国教科文组织全国委员会最多可
以提名两个城市，由代表联合国教科文组织所有地区终身教育领
域专家组成的国际评审团，按地区选出获得"联合国教科文组织
学习型城市奖"的城市，③这也帮助"联合国教科文组织学习型城
市奖"集群拥有了更广泛的地域特征。"联合国教科文组织学习
型城市奖"相较于一般的排名类奖项，着重点在于对建设经验的
宣传，已获奖城市不可重复入选，在相对密集的评选频次下，构筑
出的是基于全球学习型城市网络之上的更为专业的城市集群，各
届评选通过集群彰显了城市学习力的提升和不同区域之间参与
力度的改变。在 UIL 的指导下，在各国自愿报送和筛选的基础

---

① UNESCO，Strategy of the UNESCO Global Network of Learning Cities，
https://unesdoc.unesco.org/ark:/48223/pf0000247785.

② UNESCO，Learning Cities：Drivers of Inclusion and Sustainability，
https://uil.unesco.org/lifelong-learning/learning-cities/learning-cities-drivers-incl-
usion-and-sustainability.

③ UNESCO，UNESCO Learning City Award，https://uil.unesco.org/life-
long-learning/learning-cities/unesco-learning-city-award/award-2021.

上,"联合国教科文组织学习型城市奖"分别于 2015 年(12 个)、2017 年(16 个)、2019 年(10 个)和 2021 年(10 个),共选出横跨全球多个大洲,处于不同发展阶段的 48 个城市(见表 3-1)。这些入选的学习型城市特色鲜明,涉及学习型城市建设的相关公共政策、教育培训、医疗保健、文化活动等多个方面,形成了丰富多彩的世界学习型城市集群特色。

表 3-1　历届"联合国教科文组织学习型城市奖"入选城市一览①

届别	城市	国别
2015 年(12 个)	梅尔顿(Melton)、索罗卡巴(Sorocaba)、北京、巴哈达尔(Bahir Dar)、埃斯波(Espoo)、科克(Cork)、安曼(Amman)、墨西哥城(Mexico)、伊比圭(Ybycuí)、巴朗牙(Balanga)、南杨州市(Namyangju)、斯旺西(Swansea)	澳大利亚、巴西、中国、埃塞俄比亚、芬兰、爱尔兰、约旦、墨西哥、巴拉圭、菲律宾、韩国、英国
2017 年(16 个)	布里斯托(Bristol)、卡马拉德洛布什(Câmara de Lobos)、孔塔任(Contagem)、盖尔森基兴(Gelsenkirchen)、吉萨(Giza)、杭州、拉里萨(Larissa)、利默里克(Limerick)、梅奥-巴里奥(Mayo-Baléo)、恩泽雷科雷(NZérékoré)、冈山(Okayama)、佩奇(Pécs)、苏腊巴亚(Surabaya)、水原(Suwon)、突尼斯(Tunis)、玛利亚镇(Villa María)	英国、葡萄牙、巴西、德国、埃及、中国、希腊、爱尔兰、喀麦隆、几内亚、日本、匈牙利、印度尼西亚、韩国、突尼斯、阿根廷
2019 年(10 个)	阿斯旺(Aswan)、成都、伊拉克利翁(Heraklion)、伊巴丹(Ibadan)、麦德林(Medellín)、梅利托波尔(Melitopol)、八打灵再也(Petaling Jaya)、圣地亚哥(Santiago)、西大门区(Seodaemun-gu)、森讷堡自治市(Sønderborg)	埃及、中国、希腊、尼日利亚、哥伦比亚、乌克兰、马来西亚、墨西哥、韩国、丹麦

① 篇幅所限未能展示所有城市入选原因,具体可参见:https://unesdoc. unesco.org/ark:/48223/pf0000234536(2015);https://uil. unesco.org/press/sixteen-cities-receive-unesco-learning-city-award-2017(2017);https://uil. unesco. org/lifelong-learning/learning-cities/learning-cities-award-winners-revealed(2019);https://uil. unesco. org/press/unesco-learning-city-award-goes-ten-cities-outstanding-achievements-lifelong-learning(2021)。

（续表）

届别	城市	国别
2021 年 （10 个）	沃克拉（Al Wakra）、贝尔法斯特（Belfast）、克莱蒙－费朗（Clermont-Ferrand）、达米埃塔（Damietta）、都柏林（Dublin）、韦霍钦戈（Huejotzingo）、朱拜勒工业城（Jubail Industrial City）、乌山（Osan）、上海、温德姆（Wyndham）	卡塔尔、英国、法国、埃及、爱尔兰、墨西哥、沙特阿拉伯、韩国、中国、澳大利亚

　　从概念来看，狭义上的集群概念可以特指产业集群（Industrial Cluster），是在某一特定领域（通常以一个主导产业为主）中，大量产业联系密切的企业以及相关支撑机构在空间上集聚，并形成强劲、持续竞争优势的现象。[①]基于这一集群理解，在创新集群（Creative Cluster）中，承担知识创新、传递和应用的企业、研究机构和大学等，都可视作学习型组织。[②]而在广义上来说，集群是某一特定领域中相互关联的组织之间的地理集中地，包括一系列紧密相连的行业和其他对竞争很重要的实体。集群包括政府和其他机构——如大学、标准制定机构、智库、职业培训提供者和行业协会——它们提供专门的培训、教育、信息、研究和技术支持。[③]作为"学习型城市奖"形成的主要理论依据，集群概念促进和发展了学习型城市概念本身，也促进了学习型城市、学习型社会在全球范围的弥散，整合并加速了学习型城市建设经验在全球的传播。正如联合国教科文组织在其 2021 年发布的《共同重新构想我们的未来：一种新的教育社会契约》中，探讨面向未来乃

[①] 魏守华等：《产业集群：新型区域经济发展理论》，载《经济经纬》2002 年第 2 期。

[②] 钟书华：《创新集群：概念、特征及理论意义》，载《科学学研究》2008 年第 1 期。

[③] Porter M. E., Clusters and the New Economics of Competition, Harvard Business Review, 1998, p.78.

至 2050 年教育时提出的:"在一个新的教育社会契约中,我们应该享受和扩大发生在整个生活和不同的文化和社会空间的丰富的教育机会。"①

二、"联合国教科文组织学习型城市奖"集群的分析脉络

对于"联合国教科文组织学习型城市奖"目前表彰的 48 个城市而言,"集群"无论作为理论前提还是实践先导,均有着重要的意义,因为集群减轻了组织关系中的固有问题,而不会带来纵向整合的不灵活性,也可以规避创建和维护正式关系(如网络、联盟和伙伴关系)的管理挑战。集群所构筑的独立且非正式关联的公司和机构代表了一种强大的组织形式,在效率、有效性和灵活性方面具有优势。②而作为一种研究方法,集群是一种数据探索技术,它可以识别彼此相似但与其他组中的对象不同的对象组。③集群热图(Cluster Heatmap)(或称为聚类热图或热力地图)是目前最流行的大型化学和生物医学数据集的可视化方法之一。④它将密度函数可视化。以特殊高亮的形式呈现数据的地理空间特性的图示,具有综合展示数据地理空间特征和属性特征的良好特性。⑤因此在集群理论的视域下,对于"联合国教科文组织学习型城市奖"而言,使用集群热图的方式作为研究方法,对"联合国教

① UNESCO, Reimaging Our Future Together: A Social Contract for Education, United Nations Educational, Scientific and Cultural Organization, 2021, p.122.

② Porter M. E., Clusters and the New Economics of Competition, Harvard Business Review,1998, pp.79—80.

③ Rui X., Wunsch D. I., Survey of Clustering Algorithms, 3IEEE Trans Neural Netw 645—678, (2005).

④ Ctibor, Kuta, Petr, et al, InCHlib—Interactive Cluster Heatmap for Web Applications, 1 Journal of Cheminformatics44(2014).

⑤ 卢健等:《Web 地图热力图原理及应用》,载《科技创新与应用》2019 年第35 期。

科文组织学习型城市奖"获奖城市的分布进行标注,能够更好地体现其在全球发展的图景。结合对概念的论述和内容的分析,本书构筑了在集群理论指导下的思路框架(见图 3-1),在评价指标梳理的基础上,对"联合国教科文组织学习型城市奖"获奖城市从主题特点和地理分布两个方面展开探讨。

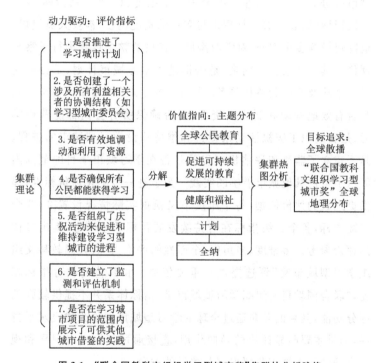

图 3-1 "联合国教科文组织学习型城市奖"集群的分析脉络

三、学习型城市集群的价值导向与主题特征

经过四届遴选,"联合国教科文组织学习型城市奖"在理论维度上,已经形成了非常完善的实践流程、完备的组织基础与操作方法。在集群理论背景下,由全球学习型城市网络提出的评价指

标体系作为主要引导和动力机制,形成了集群的主题特征。

(一)评价指标驱动下形成的五大主题集群

在评价与审核方面,"联合国教科文组织学习型城市奖"主要的参考依据是由在全球学习型城市网络体系内的各联合国教科文组织全国委员会使用 UIL 制定的四点量表,为本国的申请城市打分。这一评价量表共分为 7 个维度、16 个二级指标、2 个三级指标(见表 3-2)。从理论与实践的角度出发,涉及人员组成、机制建设等多个方面,对学习型城市建设的整个过程进行考察与评价。其 7 个维度分别是:是否推进了学习城市计划、是否创建了一个涉及所有利益相关者的协调结构(如学习型城市委员会)、是否有效地调动和利用了资源、是否确保所有公民都能获得学习、是否组织了庆祝活动来促进和维持建设学习型城市的进程、是否建立了监测和评估机制以及是否在学习城市项目的范围内展示了可供其他城市借鉴的实践。为了进一步细化评价标准,提供更细致的评价依据,每个维度下又根据实际情况设置 2—3 个二级指标,各个二级指标在可持续发展目标的基础上,提出具体的评价参考。多维度、多角度、全面性的评价为"联合国教科文组织学习型城市奖"评选提供了重要依据。和其他的教育指标相比,"联合国教科文组织学习型城市奖"指标体系并不提供较强的区分功能,其目的并非通过全球的学习型城市评价为建设水平排序,而是主要凸显评价的导向作用,直接通过指标本身引导和规范全球学习型城市集群发展与建设的方向。

由评价指标作为主要的发展导向,2019 年,全球学习型城市网络建立了与评价指标相对应的 7 个内容主题:可持续发展教育、识字、创业、健康和福祉、包容和公平、全球公民教育以及教育规划、监测和评估。这些主题的划定基于对成员城市的调查数据,旨在更好地服务于全球学习型城市网络成员城市,使它们能

表 3-2 "联合国教科文组织学习型城市奖"的评价指标①

一级指标	二级指标	
1. 是否推进了学习城市计划	1.1 城市有建设一个学习型城市的长期愿景。	
	1.2 城市已经朝着其学习城市规划的中期和长期目标发展。	
	1.3 城市的计划整合了(1)可持续发展教育;(2)全球公民的教育;(3)创业;(4)公平和包容;(5)教育规划和监测;(6)健康和福祉;(7)提升公民素养的其他行动。	
2. 是否创建了一个涉及所有利益相关者的协调结构(如学习型城市委员会)	2.1 城市已经为学习城市核心团队、委员会和论坛,以及其他利益相关者分配了具体的角色和责任,并建立了机制来维持这些角色和责任,确保它们在一段时间内的可持续性。	
	2.2 城市已经建立了学习型城市网络,并结成了联盟,其他城市(即通过国家和/或国际伙伴关系、指导和/或对等学习)。	
3. 是否有效地调动和利用了资源	3.1 城市增加了货币和非货币的动员和利用,建立一个学习型城市的货币资源,特别是通过涉及公共和私营部门以及民间社会的伙伴关系。	
	3.2 城市提供了其他创新的资源整合方法的案例。	
4. 是否确保所有公民都能获得学习	4.1 城市发起了独特和创新的举措、政策、战略、伙伴关系和/或项目和方法,(1)改善了终身学习的机会;(2)回应了不同群体,特别是边缘化和弱势群体的学习需求;(3)解决了当地参与学习的障碍。	
	4.2 公民可以随时了解正在发生的学习机会。通过基于社区的学习空间,提供城市地图、数字技术、移动学习应用程序。	
5. 是否组织了庆祝活动来促进和维持建设学习型城市的进程	5.1 城市正在组织和支持独特的公共活动和倡议,以鼓励和庆祝学习。	5.1.1 这些活动在整个城市中举行,有无限数量的主题。
		5.1.2 邀请所有相关组织和公民展示它们的课程、产品和材料,并提供实践活动,鼓励所有公民参与进来。
	5.2 这些事件改变了这个城市的发展进程。	

① UNESCO,The Award Application Form,https://uil.unesco.org/sites/default/files/doc/lifelong-learning/cities/Award/3 _ gnlc _ guidelines _ natcom _ 20210428.docx.

（续表）

一级指标	二级指标
6. 是否建立了监测和评估机制	6.1　城市正在监测和评估成为一个学习型城市的进展情况。
	6.2　城市有关键的绩效指标或机制。理想情况下，这些都与学习型城市的主要特征有关。
	6.3　城市有重大举措，有效地改善了其关键指标。
7. 是否在学习城市项目的范围内展示了可供其他城市借鉴的实践	7.1　城市在学习型城市项目的范围内展示了创新性和/或最佳实践，并提供了相关的详细信息。
	7.2　城市的最佳实践已经影响并正在有利于城市的社会、文化、环境和经济的发展。

够与那些和它们有着共同的担忧并面临类似挑战的学习城市更紧密地联系。但相对详细的细分很容易导致对于主题概念的混淆，并且由于各学习型城市建设的重点相对宽泛，很难由一个单一的主题来统合。为此，2021年，结合联合国教科文组织颁布的《教育2030行动框架》的需要，全球学习型城市网络将这一主题分类减少为5个，保留那些应成为优先事项的主题：全球公民教育、促进可持续发展的教育、健康和福祉、计划，以及全纳。

　　尽管各城市会在全球学习型城市网络评价量表下根据自身的发展需要在多个维度共同发力，但在申请"联合国教科文组织学习型城市奖"时一般会围绕1—2个特色主题，因此基于现在全球学习型城市网络的5个主题分类标准，能够将历年获得"联合国教科文组织学习型城市奖"的48个城市按照其入选的原因进行分类（见图3-2）。从数据中可以发现在四届的评选过程中，城市主题的数量并不是一成不变的；随着时间的更迭，在不同的发展阶段，学习型城市建设的重心在发生转变，即在集群内出现了动态滚动发展的特征。

　　（二）可持续发展目标是主题集群的共同指向

　　从历届主题占比的数据来看，"促进可持续发展的教育"主题

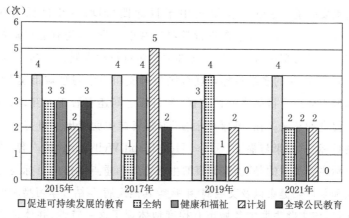

图 3-2 四届"联合国教科文组织学习型城市奖"集群主题分类

的获奖城市在数量上一直比较平稳,约占所有城市主体的 40% 左右,是"联合国教科文组织学习型城市奖"中关注度最高也最为稳定的主题,并且其他拥有不同建设主题的城市也会涉及可持续发展或可持续发展目标,是整个集群发展的共同指向。同样,围绕"可持续发展目标",在四届频次相对平稳的"健康与福祉"主题中也体现了类似的特征,处于各个发展阶段的学习型城市通过不同的途径探索提高城市卫生水平和市民福祉。再者是"计划"主题,这一话题主要围绕制定学习型城市相关的政策与规划,大多数处于学习型城市建设初期的城市一般不会涉及这一领域,如"一个将学习与城市步行相结合的创新计划已经建立,每条路线都侧重于不同的主题领域(成都,中国,2017)";以及"布里斯托宣布 2016 年为'学习年',并在全市范围内发起了名为'爱学习'的活动,为其学习型城市倡议建立了一个有前景的监测和评估系统(布里斯托,英国,2017)"体现了相对成熟的学习型城市在顶层设计上的布局。

可持续发展目标是"联合国教科文组织学习型城市奖"集群

的重要依据,尽管其主要集中于目标四(SDG4)和目标十四(SDG14),但各个城市在进行学习型城市建设上,均有意识地体现全球学习型城市网络倡导之外的更多可持续发展目标的内容。面向2030年的多维目标,"联合国教科文组织学习型城市奖"入选城市体现了目标之间的交融,各目标之间还有着正向互动、相互促进的意义。在"健康和福祉"主题集群中就突出了可持续发展目标三"健康与福祉"(Good Health and Well-being)的内容,该目标主要关注的是"确保健康的生活方式",重点关注的目标为儿童和孕产妇健康以及艾滋病、疟疾等其他疾病。①结合学习型城市建设,该主题集群中各城市有梯度地体现了这一特性,并体现了与其他目标的交融,在新冠疫情期间,各获奖城市还展示了如何促进健康和韧性的学习。②具体而言,在发展中国家更多聚焦于基本知识的普及和卫生条件的改善,如"重视提高识字率并为其公民提供参与扫盲机会的激励措施,包括免费教育和医疗保健(埃及,吉萨,2017)"以及"为了提高对城市卫生问题的认识,在全市设立了活动区,并为卫生委员会提供了改善条件的激励措施(恩泽雷科雷,几内亚,2017)";而在相对发达的城市,更多考虑的是全体市民,尤其是弱势群体学习机会和过程的公平,如"目标是成为一个'公民和学习相结合的地方',在众多学习机构的贡献下,年轻人和老年人都受益于关注健康和福祉、创业、公平和包容、扫盲、全球公民和可持续发展的学习机会(乌山,韩国,2021)"。

---

① UNESCO, SDG Resources for Educators—Good Health and Well-Being, https://en.unesco.org/themes/education/sdgs/material/03.

② UNESCO, UNESCO Learning Cities Commit to Boosting Learning for Health and Strengthening Resilience, and Call on National Governments to Make Lifelong Learning a Policy Priority, https://uil.unesco.org/lifelong-learning/learning-cities/unesco-learning-cities-commit-boosting-learning-health-and.

（三）促进社会发展是主题集群的整体趋势

学习型城市集群聚焦了社会发展的重要范畴，着重展现了通过学习型城市建设带来的社会进步，并且随着集群的不断壮大与成熟，这种特性体现得更加明显。因此无论基于何种基础，围绕何种主题，在建设结果上，集群中的优质学习型城市均通过学习型城市建设，缓解甚至解决了城市发展中各种不同类型的问题，提升了城市建设的质量。如"启动了学习型城市议程，以应对快速城市化和经济发展带来的经济、环境、人口和社会挑战（北京，中国，2015）"，以及"为了提高对城市卫生问题的认识，在全市设立了活动区，并为卫生委员会提供了改善条件的激励措施（恩泽雷科雷，几内亚，2017）"。总的说来，学习型城市建设的落脚点是人的现代化，以及在此基础之上城市发展的现代化，因此城市集群体现的是教育现代化乃至社会发展现代化的价值指向与追求。

（四）保障社会公平是主题集群的发展要求

"全纳"主题是历届主题中出现频次次高的主题，UIL 对这一话题的主要指向在于"横向的读写能力和使用电子信息技术的能力"，后疫情时代，面对快速发展的数字经济，对于大多数处于欠发达和转型期的城市来说，在这一维度上的全纳和公平显得尤为重要。从各城市在学习型城市建设上取得的成就来看，围绕这一议题的努力，也确实获得了良好的收效，如"以发展为中心建设终身学习的理念，帮助韦霍钦戈从农业社区转变为墨西哥普埃布拉州的工业重心，将文盲率降低了 50%，扩大了对互联网和新技术的使用……（墨西哥，韦霍钦戈，2021）"。"全球公民教育"是一个相对特殊的议题，对这一概念的理解比一般意义上的"公民"教育的范畴要广，但在对于"全球公民"培养的体现上则略显不足。不少城市在进行学习型城市建设时都关注了作为城市生活主体的

"公民",如"通过终身学习提高公民的生活质量,培养本地人才,提高城市的竞争力(韩国,南杨州市,2015)";"通过基于当地等主题的体育和教育活动促进公平和包容,从而拉近其公民和居住在该城市的难民的距离,并制定了有效的监测和评估方法(希腊,伊拉克利翁,2019)"。说明在入选城市中,随着学习型城市建设的全球推进,越来越多城市已经开始从这一阶段向其他更高层次的主题阶段迈进。

四、学习型城市集群的地域分布与全球图景

全球学习型城市分属于不同的国家和地区,在形成主题集群的同时,自然形成了地理集群。"联合国教科文组织学习型城市奖"的颁发则由全球学习型城市网络各城市、各国家依据评价指标自主申报,因此通过集群热图能够从地理集群上直观地反映出各国、各地区之间对学习型城市的重视程度。

(一)亚欧城市占比较高,呈现出明显的区域文化与教育传统

从大洲分布上来看,四届奖项颁布中欧洲和亚洲入选的城市占比最高,两个洲均有 15 个城市入选,二者共占全部城市比例的62%;其次为非洲,共有 8 个城市入选,占比 17%,这和联合国教科文组织和 UIL 对非洲终身教育和学习型城市发展与建设的帮扶有关,为了提高相关建设对于非洲教育乃至社会经济的作用和意义,UIL 还成立了专门的非洲事务部门,联络全球各城市为其提供全方位多角度的帮助。除 2021 年外,其余几届均有南美洲城市入选,巴西、巴拉圭、阿根廷和哥伦比亚 4 个国家共 5 个城市被授予奖项,北美洲入选城市中的 3 个城市均来自墨西哥,体现了拉美城市的文化特色和学习型城市建设传统;美国和加拿大两个发达国家均未有城市报送入选,一定程度上也体现出对相关工作的重视程度不足;大洋洲作为地理面积最小的大洲,本身涉及的国家和城市相对较少,2015 年和 2021 年各有一个澳大利亚城

市入选,两个城市均通过学习型城市的建设,一定程度上缓解了社会问题(见图 3-3)。

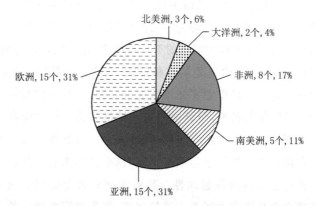

图 3-3　"联合国教科文组织学习型城市奖"大洲得奖次数地理分布

与此同时,从获奖频次的地理分布中也能看出,越是重视终身教育国家和地区,在集群中的表现越好,并通过长期的学习型城市建设在区域内实现良性的建设能力长效提升,在评价框架的规范与指引下,所涉主题也逐步更加聚焦。而各个国家、地区和城市也在集群构建的过程中通过集群的形成以及国际学习型城市大会,实现了超越地理限制的交流。

(二)涉及不同类型的城市,包容了处于不同发展阶段城市的进步

为了体现学习型城市集群的地理特征,以集群理论为基础,使用集群热图的方式对获奖城市的分布进行分析。研究发现,由于重视程度、发展程度不同,各国入选的城市数量也存在明显的差异。在集群热图中,色块越深代表频次越高,能够清晰看出国别作为地理集群的"子类别",在分布上囊括了绝大多数地区的发展。在大的地理分类上来看,亚洲作为入选城市占比最高的大洲

之一,中国和韩国两国在每一届次中均有城市入选,两个国家的入选城市数量占据了亚洲入选数量的超过半数,体现了东亚文化背景下对学习型城市建设的重视。但两国之间也存在着一定差异,我国四届入选的城市均为"一线"或"新一线",更多展示建设成效;而韩国则主要以大城市的卫星城为主,体现的是转型成果。入选城市数量次高的是爱尔兰和英国,和我国与韩国的情况类似,爱尔兰的入选城市主要是该国的中心城市,其首都都柏林进入 2021 年的获奖名单,而英国的入选城市多为二线城市和次中心城市。尽管经济、文化发展存在较大的差异,整体上两个大洲的"联合国教科文组织学习型城市奖"国别之间形成了地理上的镜像,体现了集群内部趋同性。其他大洲的情况则相对较为平均,前文中提及的澳大利亚入选的城市,作为国别集群中的子元素,在已有经验的基础上通过合作开展了"全球学习节",获得了良好的效果。

除宏观上对不同区域的包容以及集群内部的趋同外,学习型城市集群也接纳了处于不同发展阶段的城市,在四届遴选出的城市中,处于发展中国家的城市与发达国家的城市在数量上基本持平,发展中国家占比甚至略高(见图 3-4)。在主体集群和地理集群内部,不同发展阶段的城市也在利用学习型城市建设解决各自面临的不同问题。具体到城市层面,入选的多数发展中国家城市更多聚焦于解决城市发展问题,尤其是非洲和拉丁美洲城市,着重关注卫生知识普及、读写能力培养和妇女儿童教育,从而通过学习型城市建设摆脱贫困的状态,实现区域的整体发展。而大部分入选的发达国家城市,大多数并非知名度较高的国际都市,多数城市面临转型发展问题,在学习型城市建设的过程中通过市民就业能力的提升、教育环境的改变促进城市的整体升级,并开展丰富的节庆活动,提升了市民的幸福感和建设热情,并扩大了城市的影响力。这些各具特色的城市构成了全新的学习型城市集群,在集群中发展的同时,也树立了新的城市乃至国家的全球形象。

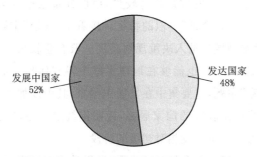

图 3-4　"联合国教科文组织学习型城市奖"所在国家发展阶段比例

(三)借助学习型城市大会,实现了学习型城市之间的流动与互通

在区域差异之外,"联合国教科文组织学习型城市奖"也存在很明显的地域辐射现象,围绕"学习型城市"发展,在各大洲中存在明显的中心区域集聚。如亚洲的中国和韩国,欧洲的英国与爱尔兰,非洲的埃及等,基于这种地理上的集聚,将学习型城市建设的经验向周边甚至外部弥散,共同构筑了学习型城市建设的全球集群。

在形成主题集群和地理集群的前提下,由于二者之间的空间交错,能够发现不同区域之间也存在着主题上的特性,"可持续发展"主题作为历届"联合国教科文组织学习型城市奖"中占比最高的主题,涉及的城市覆盖面相对较广,其中中国和韩国两个在四届中均有城市入选的国家,在这个主题内的城市数量也是最多的,体现了亚太地区对于"可持续发展目标"的重视程度。其次是"全纳"主题,和其他主题相比,尽管这一主题涉及的城市所涉地域并不是很多,但同时兼顾了南北半球,体现的是"全纳"所涉的"托底性"特征和"转型性"特征,既包括对相对落后城市弱势群体的帮扶,又包含提高城市福利扩大学习型城市建设福祉的内容。"健康与福祉"主题的城市相对较少,地理分布也相对集中,但在国别上体现了与"全纳"类似的特征。接着是"计划"主题,如前文所述,将学习型城市纳入决策规划高度一般有着较长的学习型城市建设历史,这一点也能够在地理集群中得到体现。最后是"全球公民教育"主题,主要集中在发展中国家,其中以加入全球学习型城市网络体系较晚的国家居多,说明围绕这一主题的理解,更多基于学习型城市建设相对初级的阶段。

在学习型城市大会的带动之下,世界学习型城市建设的经验也经由"联合国教科文组织学习型城市奖"的颁发被大众看到,城市的集群实现了全球范围内城市建设的交融。越来越多的城市在这一过程中体会到学习型城市建设给城市发展带来的巨大推动力,因此不断有城市加入全球学习型城市网络体系,通过学习与借鉴等多种方式实现教育乃至城市发展的现代化。如相对落后的巴拉圭城市伊比圭,在经历较为严重的经济衰退后,近年通过城市治理的调整,实现了社会发展的好转。为了进一步发挥市民在学习型建设上的主动性,从而深入解决失业、贫困等问题,该城市于 2013 年参与北京举办的国际学习型城市大会,由此开始决定实施终身学习政策以促进公民参与,将学习到的先进经验进行整合,自 2014 年开始实施"伊比圭学习与发展"计划,由此获得了 UIL 的认可,成为首批获得"联合国教科文组织学习型城市奖"的城市之一。和主动、自发的流动相对应的,基于奖项的颁发,在全球学习型城市网络评价框架下,UIL 也积极为非洲各国搭建沟通平台,开展工作坊、论坛等,为非洲多个国家和地区点对点输送优质的学习型城市建设经验。

第二节 国际部分学习型城市建设与评价的实践举措

为进一步了解国际学习型城市建设与评价的具体实践举措与实践经验，根据城市地理位置、国家发展程度、传统文化差异等因素，基于差异性、代表性、广泛性等原则，以国际上四个学习型城市即光明市（韩国）、墨西哥城（墨西哥）、巴赫达尔（埃塞俄比亚）、爱丁堡（英国）为例，从学习型城市建设的背景、系统组织、政策机制、实践举措等维度出发进行梳理分析，总结其学习型城市建设与评价的已有经验以及独特实践，掌握国际学习型城市建设与发展的动态。

一、光明市（韩国）：将终身学习城市作为城市发展的核心政策

光明市作为首尔的卫星城，扮演着"郊外住宅区"的角色。许多市民的居住地和工作场所是分离的：晚上居住在该市，白天工作在首尔。尽管在一定程度上为光明市带来了人口的繁荣，这一点也恰恰限制了该市的发展和独立。20世纪末，该市由于没有大学或学院这类高等院校，无法充分满足市民高涨的学习需求，也无法帮助市民自我完善，所以，许多居民在自身经济状况有所提升后，都选择搬到其他地方居住。因此，为实现城市的持续、包容发展，满足区域人民的各类精神文化需求，营造一个更环保且设施齐全的城市氛围，光明市提出将建立终身学习型城市作为一项城市发展战略。①

1999年3月，光明市被韩国确定为终身学习型城市建设项目的第一个试点城市。光明市地方政府提出了"让我们在毕生的时

① 蒋亦璐：《学习型城市建设：理之源与行之路的探索》，华东师范大学2016年博士学位论文。

89

间内一起学习,为把光明市建设成为终身学习型城市而努力"的口号,并启动了具体的建设项目。在理念上希望通过终身学习型城市的建设,将光明市建设成为环境友好型城市、经济持续发展的城市、具有独特文化的城市,并开始推行自己的终身学习型城市促进计划,希望能够将接受教育作为所有人的基本权利,并尽可能为所有市民提供最好的教育。此后,尽管光明市经历市长人选和政党的更替,但终身学习型城市促进计划一直被其作为城市发展的核心政策,延续至今。韩国 2001 年开始在全国范围推广终身学习型城市促进计划,光明市被列入第一批促进计划的城市名单,而在这之前,光明市就发展了自己的终身学习型城市促进计划。具体学习型城市建设的实践举措包括以下几个方面:

（一）成立光明终身学习中心

光明市首先建立了"光明市终身学习中心",后更名为"光明市终身学习社区中心",负责将光明市的成人教育的机构连接成一个网络,开展面向所有居民的教育项目。在韩国建设的第一批终身学习型城市中,光明市终身学习社区中心是首先受到地方政府支持的。政府在其中扮演重要角色,提供经费以确保终身学习型城市的基础教学设施建设。该中心的核心任务是运行教育项目,具体内容包括吸引居民参与、在更多的地区开展学习活动、提供与终身学习有关的信息、促进终身学习事业、寻找合作项目、为其他组织提供免费的开放性课程。光明市认为开放的学习设施是其建设终身学习型城市的关键要素,因为它是供居民学习的场所。

光明市终身学习社区中心原打算由居民基于光明市终身学习中心本来的管理模式来运行。然而,由于这样的管理模式暴露出专业知识缺乏的问题,该市在 2010 年决定将光明市终身学习社区中心的建设委托给专家组织,由韩国圣公会大学来负责具体管理和运行。尽管如此,该计划最初的管理理念和方式——居民自主管理,对后来建立的终身学习机构同样产生了重要的影响。在这种委员会管理体系运行了十一年后,光明市决定将其改变成一个城市范围内的领导结构,并通过公开选拔成员的模式来保障其专业性。由此,一个协调小组的网络形成,通过各地区及组织间的交互式的网络连接,来引导城市转变成一个终身学习型城市。这个小组包括 141 个由当地居民中心、社会福利组织、文化设施、青年组织、学校和居民组织等组成的机构和团体。这些小组成员被划分到城市 5 个不同区域,为许多专项项目提供有效的支持。主要任务是探讨如何在居民和行政官员间较为灵活地协调推进终身学习。

（二）建立城市终身教育组织系统

光明市政府建立了多种致力于终身学习的组织,包括终身学习委员会、市政厅的终身学习部、终身学习研究所等。终身学习委员会的成员包括市长、各级监督管理机构的负责人、国会的一些成员、地方议会的主席、终身教育研究所的主管、城市图书馆的馆长等。委员会主要负责为"终身学习型城市建设"项目的每一具体的执行阶段提出咨询建议和进行监督。市政厅的终身学习部主要负责管理该城所有与终身学习相关的组织,帮助诸如市政咨询委员会、学校,以及相关的行政机构共同参与到建设终身学习型城市的项目中来。光明市的终身学习研究所主要负责为终身学习制定政策和开发系统,提供各种终身学习型组织的项目,以及提供相应的终身学习信息。各种执行终身学习计划的组织可以从纵向和横向两个维度加以划分。纵向的组织是指地方最基本行政单元上的终身学习机构、地方的社区学校、社区图书馆以及服务于终身学习的市立中心,如市立图书馆、女性会所、市立会堂以及健身房等。横向的组织是指市政厅、各种学校区域、市议会、市政厅的终身学习部,社区的社会福利机构、非营利性组织、商业组织、大学和学院,以及大众媒体。

(三)制定学习型城市建设战略规划

光明市在学习型城市建设中强调通过发展社区教育,为提升市民生活品质提供更加多样的机会,在不同的建设发展阶段提出了不同的战略规划。在建设基础阶段强调建立终身学习的基础,建立从社区设施到教育中心的大规模支持系统,通过教育项目的专门化,提供高质量的教育增加社会边缘人群的受教育机会等;在建设的改进阶段重点关注让终身教育项目广泛深入公众之中,在邻省学习型城市支持网络的帮助下,建立当地终身学习中心的基础系统和一些基本设施,成立合作型的地方社区,加大中心在项目咨询建议上的力度,建立与地区终身学习社区及其设施之间的合作关系,建立光明市社区大学的基础;在建设的扩大阶段即当前阶段更加强调建立终身学习中心的系统和设施,使得任何人可以在任何时间、任何地方获得所需的终身教育资源,把终身学习中心逐渐转化为光明市的社区大学,随着终身学习中心之间合作关系的增加,打下建立终身学习型城市的基础,构建一个终身学习型城市的国际模型。

(四)评估市民终身学习需求

光明市致力于通过研究和政策来评估市民对终身学习的需求。其具体的行动包括形成学习型城市的愿景和理念、开发专项计划、建构学习型俱乐部管理、通过开放性的设施结成与外部活动和机构组成的网络等。在其努力下,终身学习型城市的愿景和理念促进了终身学习政策、居民学院、学习激励俱乐部、居民提出的项目、针对居民的终身学习讲座等不断发展。在终身学习社区中心的支持下,光明市在推进学习型城市建设过程中还积极实施学分银行制度。事实上,光明市没有大学或者学院,但这非但没有影响学分银行的推广,反倒还产生了一定的促进作用。因为原先受种种条件限制而没有获得高等教育学位的居民,可以借助该制度来获得学习机会,并获取相应学位。中心通过开放性的学分银行项目,为居民获得学位和相应学分提供支持。

在学习型城市建设取得一定成绩后,光明市还致力于将其终身学习理念推广到其他国家、地区或城市。这种推广活动,成为该市学习型城市建设的一项教育专项计划。例如,在第三世界国家——布基纳法索,这个专项计划显得非常有效。第一,光明市与该国签署了一份教育备忘录,内容是推进该国针对居民的终身学习,以及支持青年的发展。第二,在双方的合作交流中,光明市通过分享终身学习理念、扫盲教育的教学内容和教师培训项目协助该国。第三,光明市还为其提供相关学习设备,如电脑等。第四,该国教育部门计划建立一个教师培训机构,并将其命名为"光明终身学习中心"。[1]

二、墨西哥城(墨西哥):建设可持续发展的学习型城市

墨西哥城是墨西哥合众国的首都,美洲最古老的城市和墨西哥合众国最大的城市,现为全国政治、经济、文化和交通中心,也是墨西哥人口最多的三大城市之一,但墨西哥城地处山谷地区,空气扩散条件差,大气污染严重。随着经济结构的调整和人口情况的变化,墨西哥城及整个中部地区出现了非工业化和第三产业的趋势。城市网络体系结构失衡。城市超负荷运转带来了严重的"大城市病",终身学习是社会、经济、文化、环境发展的重要推动力。因此,墨西哥城致力于开发与建设可持续发展的学习型城

---

[1] 蒋亦璐:《学习型城市建设:理之源与行之路的探索》,华东师范大学 2016 年博士学位论文。

市,从而激发市民学习的潜能,促进市民多维度发展,促进社会公平,提高社会凝聚力,提高经济发展水平。

一方面,为了使联邦政府在为公民塑造终身学习的机会方面发挥更积极、更主动的作用,联邦特区需要制定超越传统形式的教育课程学习计划,包括要加大对艺术和营养学等学科的关注。另一方面也是为了普及终身学习的理念,确保其成为其他公共政策和政府行动的重要组成部分。在此背景下,墨西哥城开始了学习型城市建设之路。2015年墨西哥城召开主题为"建设可持续发展的学习型城市"会议,于2016年发布《墨西哥城声明:建设可持续发展的学习型城市》,提出发展学习型城市的规划,其中,充分肯定了终身学习与学习型城市建设对城市发展的基石作用和价值导向。它指出,"教育、终身学习和城市居民在实现城市三大发展(政治、经济和环境保护)方面扮演着重要角色"。

(一) 确定学习型城市的建设目标

墨西哥城致力于建设学习型城市的主要缘由包括以下方面:第一,要创造更为协调和一体化的城市现有学习政策和项目。第二,要发扬终身学习的理念,确保它成为其他公共政策和政府行动的重要组成部分,包括那些涉及城市发展、环境和健康的政策行动。希望终身学习活动在所有这些领域的实施,可以促进一个更具参与性和民主的成熟社会出现。学习型城市的建设将使联邦政府在为公民塑造终身学习的机会方面发挥更积极主动的作用。学习型城市的建设也意味着创造各种各样的学习、反思和实验的社区,更加注重学习以促进向一种公共管理和私人管理的新文化过渡。此外,城市公共领域正在转化为包容性学习空间,促进对多样性的尊重,鼓励学习者分享他们的技能和知识。第三,可以通过增强环境意识,使学习型城市的建设变得更加可持续。这些内容与其说是墨西哥城建设的缘由,不如说是墨西哥城学习型城市建设的目标与追求,从侧面也反映了其学习型城市建设的价值理念与实践方向。

(二)多元参与学习型城市建设主体

墨西哥城通过鼓励多部门参与,旨在开发一个复杂的网络公共空间,使所有居民都享有终身学习的机会,促进多样性、多元文化的并存和基本权利的实现。墨西哥城的主要目标是提高所有年龄层的公民的技能。这将促进个人的幸福感和自我满足,减少城市里的不平等,更好地促进社会融合。

墨西哥由联邦地区教育部主要负责发起学习型城市的设计与建设。然而,建设学习型城市的过程也涉及许多其他地方和国家政府机构及利益相关者之间的横向合作。例如,一些国家机构,如国家成人教育研究所、国家公共健康和国家医学科学院营养研究所积极参与其教育部所制定的方案和举措。在市级层面,联邦地区教育部与联邦区社会发展部、劳工部、就业促进部、卫生部、运动研究所、老年人保健所、教育信托保证机构与公共行政学院,以及墨西哥城历史中心当局紧密合作,致力于将该城市的历史中心变成一个学习空间。

为了促进其学习行动,联邦区与该国最好的一些高等教育机构建立了合作伙伴关系。最著名的是墨西哥的国立自治大学80%以上是为国家实施的研究。当然,其他重要的公共和私人机构也参与学习型城市的建设,包括国立理工学院、自治都市大学、伊比利亚美洲大学、墨西哥学院、拉丁美洲社会科学院经济研究与教学中心以及公司等。

此外,墨西哥城的学习型城市建设与非政府组织建立了广泛的合作关系,如墨西哥牙科协会、运输与发展政策研究所(一个国际非营利组织,致力于落实城市交通的解决方案,减少温室气体的排放,减少贫困和提高城市生活质量)、墨西哥阿斯彭研究所

（一个教育和政策研究组织）、联合国教科文组织和联合国儿童基金会等。①这些不同领域的合作为墨西哥学习型城市建设提供了更加广泛的资源与条件。

（三）通过政策立法提供保障

2006 年 7 月，墨西哥政府提出了 2030 年长远发展目标，墨西哥公共教育部以此目标为指导，根据政府制定的《2007—2012 年国家发展的合作计划》，出台了墨西哥教育中长期发展规划，根据此规划，政府将举全国之力关注和解决教育中长期未解决的"大问题""难问题"，明确提出实现基础教育平等的具体措施和方针：关注弱势群体，扩大教育覆盖面，保障弱势群体享有受教育权利；推动土著儿童和青少年人力资本发展；重培养使用土著语言授课的教师；关注偏远落后地区儿童及青少年教育，尤其是印第安人和贫困儿童。《2013—2018 年国家发展计划》将消除教育中的两性差异列为核心任务。

虽然墨西哥城联邦区政府对整个教育体系的影响有限，但2013—2018 年总体发展计划的主要目标之一是要实现人类发展的公平和包容性。因此，全市仍有保障公民受平等教育权的各类法律，包括保障不同年龄人群包括儿童、青少年和老年人受教育权的法律，以及促进阅读和鼓励发展科学技术的法律等。总之，墨西哥城在学习型城市推进的过程中，具体学习型城市计划虽然并未单独成文，只是渗透在一些相关的教育政策、法律文件中，但对区域学习型城市建设的理念与行动有着重要的价值与意义。

（四）使用逻辑框架方法来评估学习型城市行动

墨西哥城联邦政府成立了咨询委员会来指导学习型城市的

---

① 肖菲等：《社会治理理论视域下国际学习型城市建设的比较研究》，江西人民出版社 2018 年版。

建设,基于学习型城市的主要特征开发一套指标,主要是使用逻辑框架方法来评估学习型城市行动。监测评估主要围绕学习型城市的六大支柱展开:第一,是否进行贯穿基础教育到高等教育的全纳学习。学习型城市采取基于终身学习概念的创新策略,通过提升技能、知识和理解力,将年轻学生和广大市民培养成为从学前到就业都拥有积极价值、态度、自信、创造性和起作用的公民。第二,是否有充满活力的社区学习。学习型城市创建实施有助于把成人学习扩展至家庭与社区的策略,包括代际间的学习、成人识字、个人和家庭学习计划,以及建立公民无论在何时、何地以何种方式学习都能够实现学习需求的社区中心等。第三,是否支持有效的工作场所学习。学习型城市采用一系列学习措施,提供 21 世纪所需要的技能与能力,以满足目前和未来的公共和私人工作场所对劳动者的职业要求,并确保广大劳动者的就业机会。第四,是否广泛应用现代学习技术。学习型城市鼓励使用所有创新的终身学习工具和技术,包括互联网、电子学习、自创学习、个人学习计划与材料、信息通信技术、远程学习、多媒体学习等。第五,是否增进学习质量和成就。学习型城市要确保包括教师与管理者在内的人员获得高质量的继续专业发展、学习支持系统以及学习绩效与标准。第六,是否具有活跃的终身学习文化。学习型城市是这样一个场所:经常举行学习庆祝活动和学习奖励活动,通过学习节与学习咨询来激励公民相互学习和共同学习,并在城市的未来发展中起积极作用,人们的健康与幸福得到显著的提升。

学习型城市的建设与实践帮助墨西哥城各地的人们更加具有健康意识,在促进身体健康的同时,更有力地增强了居民的公民意识和环保意识,从而提高了面对自然灾害以及突发事件的能力与水平。其国家公共卫生研究所进行的一项评估可以表明,其中一项实践行动已经对孩子的生活产生了明显影响。这项评估发现,该计划增加了儿童的体力活动,让孩子花在看电视上的时间下降了7％,而参加该计划的学校的儿童的肥胖程度也显著下降,从21.3％降至17％。此外,儿童牙菌斑减少了9％,在参加该计划的儿童中有几乎15％养成了用餐前后洗手的习惯。由此可见其对公民整体素质的促进与发展。

与此同时,面向未来学习型城市发展,墨西哥城在其《联邦特区政府总体发展规划:2013—2018年》中,明确了建设学习型城市过程中面临的未来挑战与任务。首先,当前墨西哥城肥胖率日益上升,据联合国儿童基金会统计,墨西哥拥有世界上最高的儿童肥胖率。为了应对这一挑战,墨西哥城亟须推进医疗教育一体化政策。其次,文盲也是一个重要问题。目前,在墨西哥城有2.1％的人不具备读写能力。这就要求墨西哥城政府大面积普及教育,提高民众受教育水平,提高市民识字率。再次,社会差距较大,教育公平问题凸显,受教育水平不均。政府希望通过构建一个学习型城市解决日益增长的社会差距,一边是富有的、受过高等教育的公民,另一边是贫困的、低技能的公民。这种差距因城市的快速发展正在加剧。不佳的城市规划导致社会弱势居民的边缘化进一步增强。这就要求墨西哥在建设学习型城市时要注意教育资源分配的问题,推进教育福利政策,促进教育公平。最后,墨西哥城是一个人口密度非常高的城市,地理位置处在易遭受自然灾害的地区,如地震、洪水、山体滑坡和火山喷发等。墨西哥城也饱受气候变化、污染、资源过度开采和水资源短缺的影响。在此条件下,需要有一个危机状况管理和学习计划发展战略,以确保最高的民事保护标准。可见,儿童健康意识、普及教育、缩小社会差距、促进教育公平、突发事件应急管理等主题是其学习型城市建设与发展未来进一步提升和完善的主题与方向。

三、巴赫达尔(埃塞俄比亚):政府主导、大学牵头、多方参与学习型城市建设

2002 年巴赫达尔以应对快速城市化带来的挑战被联合国授予城市和平奖。巴赫达尔隶属于埃塞俄比亚,2015 年因其在学习型城市建设中的突出表现,成为受联合国表彰的 12 个学习型城市之一,获得"2015 年联合国教科文组织学习型城市奖"。巴赫达尔位于埃塞俄比亚西北部,不仅是埃塞俄比亚最大的城镇之一,也是发展最快的城市之一。巴赫达尔存在一些需要解决的关键问题,包括贫穷、幼儿保育和教育不足、成人文盲、青年失业、为残疾人提供的服务不足、两性不平等、经济不平等、对多样性问题的认识不足等。建设学习型城市是埃塞俄比亚进一步发展扫盲教育、成人教育和终身教育的必要之举。埃塞俄比亚位于非洲东北部,是世界最不发达的国家之一。为了解决以上问题,巴赫达尔市开始努力建设学习型城市,这为学习型城市建设提供了内部动因。非洲其他国家探索学习型城市的过程也为埃塞俄比亚提供了丰富的经验,如南非西开普省开展的"学习角节",博茨瓦纳大学和哈博罗内市议会签订的学习型城市启动项目备忘录,以及尼日利亚和南非等组成的非洲"跨城市联盟"。所以,埃塞俄比亚逐渐开始了自己的学习型城市建设之路。

(一)以大学牵头建设学习型社区

巴赫达尔学习型城市的发展是由巴赫达尔大学牵头的,该大学已经开展了学习型社区项目。这是在发展初级阶段的一个项目,该项目旨在汇集由城市各种组织运行的孤立且不协调的学习活动,希望通过学习型城市的建立来解决一些主要挑战,包括贫穷、失业、文盲、性别和社会经济不平等以及缺少环保意识等。学习型社区的重点包括让公民理解学习型城市的理念,鼓励利益相关者积极参与,寻找调动资源的创新方式来实现巴赫达尔学习型

城市的理想。

巴赫达尔教育局则希望帮助建立一个拥有尊敬和保护的民主价值观并能为其社会、文化和自然环境做贡献的创业社区,以实现可持续社会、经济与环境发展。和大多数将为全民提供优质教育与终身学习机会作为共享愿景的城市一样,巴赫达尔的目标是建立一座更美好的城市,在人一生的任何时间、任何情形下,所有层次和形式的学习都能得到重视和推进。作为巴赫达尔学习型城市建设的主力,巴赫达尔大学为该市提供了学习社区项目,其目标是成为非洲十大一流研究型大学之一。这所大学正在努力给城市和公民的生活带来积极的变化。它的九个研究中心和不同的研究部门将城市及其周边的挑战作为研究重点,这些单位也提供各种社区服务。

巴赫达尔学习型城市的发展是由巴赫达尔大学牵头的,学习型城市政策和活动的规划、实施和评估都是由巴赫达尔大学进行。目前该大学已经开展了学习型社区项目。巴赫达尔大学在进行学习型城市建设中的创新案例就是"纸莎草保护和开发计划"。这些活动的开展一方面增加了当地市民的就业机会,另一方面通过学习也增强了市民的环保意识和学习意识。另外,巴赫达尔大学计划与国家和国际相关利益机构合作,移民也是这项工作中的一部分。

(二)以政府为主导、多方参与学习型城市建设

巴赫达尔在建设学习型城市过程中,城市的不同机构已经提供了不同的方案和活动,从一个方面或者多种方式来促进终身学习,并逐渐形成了政府主导、大学牵头、多方参与的学习型城市建设局面。

巴赫达尔在学习型城市建设中重视发挥政府的管理与指导作用,通过政府联合众多部门实现各类资源的整合,多种力量共

同建设学习型社区、学习型城市。其教育主要管理机构是教育部，教育部下设的地方组织机构承担教育政策、执行过程中的监督责任。教育部作为教育管理部门，并不是巴赫达尔仅有的教育服务提供方，除教育部之外，各种政府部门（包括农业部，卫生部，儿童、青年和妇女事务部，劳动和社会事务部，体育部和国防部等）都为部门内外部人员提供着不同方面的教育与培训活动。如由教育部组织的成人扫盲综合教育项目，其目标人群是年龄超过15岁的青年和成人，该项目与以往部门提供的扫盲活动的不同之处在于它有一个功能性的作用，它将学习者日常生活所需要的读写能力计算能力整合在一起，而且活动也在学习者方便的地点开展与进行。

在巴赫达尔，很多高等教育机构在提供终身教育服务上发挥了重要的作用，这些大学提供晚上、周末、夏季以及远程课程，其中参与学习的大多数人都是必须在工作日工作的成年人，这些学习项目让部分成年人摆脱了工学矛盾，实现了业余学习，同时为大量女佣和小时工提供了进入学校的机会，获得了良好的教育资源，为成年人提供了终身学习的机会。

还有很多私人和非政府组织也都提供培训和教育服务，如有些机构开设本地语言或者外语、音乐、赛车、计算机技能、武术、运动和健身、烹饪、表演和学习技巧等课程，不仅为成年人提供服务，还为小学生和大学生提供课程，以便给予他们学术支持。此外，儿童也可以参加以文学、电影、舞蹈、辩论、体育、环保、艾滋病预防、性别和生殖健康为主题的各类培训机构的课外活动。巴赫达尔目前正在扩大提供这些活动的俱乐部数量，其中比较典型的是农业培训中心。为了实现农业发展引领工业化，农业推广机构设想对所有农民的农业和相关环境问题进行培训。非政府组织在建设学习型城市中发挥重要的作用。参与成人教育的主要非政府组织有 DVV 国际、埃塞俄比亚基础教育网络(BEN-E)、埃塞俄比亚成人非正规教育协会(ANFEAE)和埃塞俄比亚协议。这些非政府组织在设计和提供成人教育、替代基础教育和妇女赋权方案方面发挥了重要的、积极的作用。[①]

(三)由专门的评估机构进行建设评估

埃塞俄比亚教育服务公共机构的监测和评估由专门单位开展,由提供学习机会的特定政府机构来组织这些活动。例如,针对特定的学习活动,教育部及其地级机构都设有检测和评价单元。为国家和城市市民提供学习机会的非政府组织也是如此。在具体建设过程中,学习型城市建设作为巴赫达尔的一个学习型项目,巴赫达尔大学也设立了检测和评估部门,这能确保所有的活动按计划进行,所有的资源都能按计划交付和使用,确保学习型项目建设的方案实施与目的达成。另外还与研究部门合作进行项目活动的持续评估。

巴赫达尔在促进学习型城市建设过程中所提供的教育和培训项目对其市民产生了积极的影响,如提高了市民的知识水平、帮助其掌握技能且促进社会更加民主,使市民更加关心他们的生存、生活、文化环境,从关心自己到关心他人的过程中,尝试新的技能,提高了适应社会环境变化的能力与水平。各种不同的教育和培训机会同时也帮助人们意识到自身、社会、他人以及世界的相互关联,将自己置身于联系更紧密的社会以及世界中。在思想与行动上给予他们更多的流动性,使他们能认识到自己的潜能,帮助他们更好地就业。总体来说,巴赫达尔市正在变得更安全、更绿色、更公平、更友好、更民主、更宽容和更具创业

---

① 肖菲等:《社会治理理论视域下国际学习型城市建设的比较研究》,江西人民出版社 2018 年版,第 88 页。

精神。

但巴赫达尔在学习型城市建设中仍然面临着一些困难与挑战:第一,尽管支持巴赫达尔大学进行学习型城市建设的大多数政府部门都表现出政治意愿,但是他们没有足够的人员。因此就很难得到充分全面的合作。第二,对于大多数参与的人员来说,终身学习和学习型城市的概念是一个相对新颖的术语,这就需要针对不同的利益相关者进行宣传活动。第三,缺乏一个全国性或者城市性层面的终身学习和学习型政策,设计和颁布这些政策需要特定专家之间的游说,以及国家和国家组织与利益相关者之间的协调。

四、爱丁堡(英国):以学习型城市建设推动城市复兴

爱丁堡是英国历史悠久的文化古城,位于苏格兰东海岸,是苏格兰首府。其是位于苏格兰东海岸入海口处的重要港湾城市,市内以造船、化工、核能等工业最为重要,并且城市内还分布有苏格兰国家博物馆、图书馆、画廊等重要文化机构,成为除伦敦以外英国重要的金融中心之一。凭借深厚的文化积淀,该市于2004年被联合国教科文组织授予"世界文学城市"称号,成为全球第一座获此殊荣的城市。在学习型城市建设中,爱丁堡是英国较早称其为学习型城市并成为第一批加入英国学习型城市网络的城市。

20世纪90年代初,爱丁堡面临强大的经济挑战(特别是服务业),同时许多行业领域的未就业率甚至高达英国城市平均失业率的三倍。与当时英国的许多城市一样,爱丁堡也受到经济转型和失业率居高不下的困扰。在此背景下,在感受到了知识经济强大影响力之后,爱丁堡开始将推行终身学习作为城市复兴的重要举措。由此,爱丁堡于1994年提出建设学习型城市构想,将其作为推行终身学习的主要手段,并纳入城市的发展战略中,具体实

践举措如下:

(一)基于国家政策法规,发挥政府引领作用

英国政府在推进学习型城市建设中依据的主要原则是其推行学习型城市建设所想要达到的目的,即城市复兴和推动终身学习以实现学习型社会,其具体政策法规中着重参考了欧盟的政策文本,如《教与学:迈向学习型社会》中建设学习型社会的五项目标设定等。英国基本以绿皮书(Green Paper)、白皮书(White Paper)、法案(Act)或政策文件(Strategic Paper)等形式来发布这些法律政策。1998 年,英国政府发布《学习时代》(The Leaning Age)绿皮书,认为当前处于终身学习的时代,因而倡导全民学习,并提出了一些具体促进成人学习的方法,如开设个人学习账户(Individual Learning Accounts)鼓励个人学习、免费热线电话提供学习咨询服务、通过产业大学(University for Industry)来拓宽成人学习的途径等。①1999 年,英国政府发布《走向成功学习的白皮书》(White Paper Learning to Succeed),为英国终身学习相关政策提供了基本框架,并明确提出建立一个全国性的机构来负责学习型城市建设。该项任务由当时的教育与就业部(Department for Education and Employment)承担。次年,英国政府颁布了《学习与技能法案》(Learning and Skills Act),为许多终身学习活动的开展提供了法律上的支持。该法案建议成立学习和技能委员会(Learning and Skills Council)来负责政策制定、经费筹措与分配、学习成果评估等,并再次建议建立《学习时代》中所倡导的个人学习账户。

此后,英国还相继发布了,诸如《技能战略》(The Skill

① 蒋亦璐:《学习型城市建设:理之源与行之路的探索》,华东师范大学 2016 年博士学位论文。

Strategy，2003)、《技能：驰骋职场》(Skill：Getting on in Business，Getting on at Work，2005)、《强大和繁荣的社区》(Strong and Prosperous Communities，2006)、《学习的革命》(The Learning Revolution，2009)等相关政策文件，以不断在法律政策层面为英国的学习型城市建设提供保障。总体而言，这些法律政策内容全面且连贯，并逐步深入和细化，将实践引向纵深。

（二）成立"终身学习合作伙伴组织"共同推动学习型城市建设

1997年，"爱丁堡终身学习合作伙伴组织"(Edinburgh Lifelong Learning Partnership)在爱丁堡市议会(City of Edinburgh Council)的积极推动下正式成立，力图将城市中的经济、教育等各种力量联合起来，共同推动爱丁堡的学习型城市建设。一些发起学习型城市建设行动的机构组织组成董事会，为学习活动提供资助，成为"教育提供者"(education providers)资助模式：该组织为相关项目和组织提供连续三年的资助之后，便由其自主维持项目运转。就日常运作而言，该组织由"市长大人"(Lord Provost)主持，日常管理工作则由董事会承担，一年召开两次会议，商讨推动学习型城市建设的具体战略计划。该组织制定的战略目标包括：减少贫困和短板、提升教育成效、完善组织及其成员、发展经济。

爱丁堡终身学习合作伙伴组织提出了爱丁堡在学习型城市建设中需要完成的几项任务：提供一个整体性的框架来推进终身学习战略；在城市中创造学习文化；发展不同部门和组织的合作；同时在工作场所及其以外，提供更多的学习机会；在私营组织和部门推进终身学习；为推进和发展终身学习活动提供稳固的资源。[1]由此，爱丁堡终身学习合作伙伴组织设置了四个主题行动小组："市

---

[1]　Norman Longworth，Making Lifelong Learning Work：Learning Cities for a Learning Century Kogan Page Limited，1999，pp.133—134.

场组"集合了组织内部所有正式的合作伙伴,关键任务是实施一个针对学习的"共同市场项目"(commonmarketing),同时帮助排除学习障碍;"关键雇主组"由公立和私立部门中的雇主组成,致力于在工作场所营造终身学习的文化,具体的工作包括传播实践经验,及为管理者设计实践指评等;"研究和信息组"由所有合作伙伴共同构成,主要任务是寻找相关政策间未能很好衔接的部分,并通过研究为相关群体提供与学习需求有关的信息;"资金组"由所有合作伙伴共同构成,主要任务是提交一些项目的报价、对一些自主运行的计划进行研究并提供建议、为一些项目的自主推进提供资金策略方面的支持。

(三)建立"三 P"学习型城市评价指标体系

英国较早建立了对学习型城市建设的质量水平进行评估监测的指标体系,并且较为注重结果对实践引领作用的过程性评估。英国学习型城市"三 P"评价指标体系由合作、参与和绩效(Partnership、Participation、Performance)三部分构成,是其实践关注的三个层次。每一层次分别对应学习的三个阶段,即组织(构建)、分享和认识(对话)、学习圈(反思)。

在具体学习型城市建设实践中,强调需要遵循三个相互独立又彼此联系的层次:第一层次是合作,即建立社会各部门间的联系;第二层次是参与,即公众参与到学习活动中,参与者既可以作为组织者,也可以作为学习者;第三层次是绩效,即评价所取得的进步。在实践过程中,每座城市可以同时推行这三个层次,也可以顺次推行,不存在固定模式。然而,每个层次都需要一些实践活动来支持其发展和管理,由此形成了每一层次对应的具体指标,包括目的(purpose)、人员(people)、规划(plans)、组织过程(process)、绩效(performance)。

同时该评价指标体系将学习划分为三个阶段,并分别与"三个层次"相对应。第一阶段是"组织"学习活动,目的是"构建"一个学习系统以开始有效的运作,具体内容包括制定目的、明确合作者间的关系及其各自需要承担的任务、开发优先项目和计划、确定经费预算和制定具体目标。第二阶段有关参与者"分享认识",目的在于使其在这种"对话"的过程中,形成对学习的价值和目标较为一致的认识。第三阶段是建立"学习圈",实则就是对学习活动进行"反思",内容包括学习方式、学习类型、学习障碍等。在这个过程中,城市可以知晓自己在建设学习型城市过程中存在的不足,并不断完善创新。

爱丁堡基于此评价体系以及学习型城市建设任务,明确了终身学习合作伙伴组织的主要实践方向。第一,就"合作"而言,该组织认为关键需使各组织内的合作伙伴对终身学习形成共同的认识,就此,爱丁堡终身学习合作伙伴组织建立了一个网络平台,并创办杂志,用来分享信息和交流想法。第二,就"参与"而言,这部分内容是该组织工作的重点,从成立之初开始,该组织就一直通过各种途径寻求更多组织和机构的加盟与合作。第三,就"绩效"而言,该组织通过董事会每年两次的交流会来探讨学习型城市建设成效。[1]

英国不断从国家站位出发所制定颁发的关于终身学习、学习型社会、学习型城市建设的各类政策法规,以及国家层面学习型城市建设的评估监测的指标体系,都为爱丁堡的学习型城市建设以及评价奠定了强有力的基础。爱丁堡基于国家层面的支持与保障,根据自身城市发展现状所成立的终身学习合作伙伴组织推动了区域学习型城市的进一步建设,凝聚了区域学习型城市的建

---

[1] Martin Yarni, Towns, Cities and Regions in the Learning Age: A Survey of Learning Communities, LGA Publications, 2000, p.143.

设力量,并在此过程中明确了学习型城市建设的实践任务与方向。

第三节　教育现代化视域下国际学习型城市建设与实践对我国的启示与借鉴

基于国际学习型城市建设与评价的实践经验,为全面贯彻落实我国教育现代化、建设教育强国的目标与任务,我国应结合教育和社会发展的新思想、新要求,积极吸取国际学习型城市发展的优秀成果与经验,为进一步建成服务全民终身学习的现代教育体系、推动学习型社会、学习型城市建设,未来应继续在顶层设计、评价监测、价值引领等多方面进一步优化完善,从而实现更大的建设成效。

一、以顶层设计为基础,推进学习型城市的系统性、前瞻性发展

学习型城市的建设与发展离不开国家的顶层设计,顶层设计在学习型城市的建设与发展中起着决定性的作用,需要国家政府从政策、体制、机制等全局维度出发,确定学习型城市的建设目标、发展理念、核心内容等发展的各个层面以及要素,由高到低、由政策到行动、由理论到实践、由组织到个人逐步开展实施。世界各国学习型城市的发展都重视从顶层设计层面尤其是政策法规方面,推进学习型城市的发展,如英国相继出台了《学习时代》《学习与技能法案》《学习的革命》等相关政策文本,以不断在法律政策层面为英国的学习型城市建设提供保障;墨西哥政府制定的《2007—2012 年国家发展的合作计划》以及联邦立法会议中,都强调致力于保障公民平等的受教育权,这对区域学习型城市建设的理念与行动有着重要的价值与意义;韩国则针对学习型城市的建

设提出了不同发展阶段的战略计划,统筹协调推进终身学习等。

二、充分发挥以评促建,推进学习型城市的规范化、有效化发展

实施学习型城市监测是保障学习型城市建设与发展质量的关键环节,学习型城市监测通过"以评督建""以评促建"的方式,对区域学习型城市建设的各个要素指标进行测量分析,了解监督学习型城市的建设水平以及存在的问题,从而助力学习型城市建设的整体进程,优化完善学习型城市的发展。当前国际学习型城市建设过程中,已经形成了颇具特色的联合国教科文组织帕提农神庙评价指标体系和初步评价指标体系、经合组织提出的"学习型城市"机构模型和概念模式、欧盟提出的"TELS"指标体系、欧洲"R3L+"质量标准和指标、加拿大综合学习指数、韩国终身学习城市评鉴指标等。在具体国家实践中,巴赫达尔依托巴赫达尔大学设立了检测和评估部门,以确保学习型项目建设的方案实施与目的达成;墨西哥城则使用逻辑框架方法来评估学习型城市行动等。

三、以社会公平为价值引领,推进学习型城市的全民性、包容性发展

从四届国际学习型城市大会宣言可以看出,国际学习型城市建设一直以公平、包容为价值取向,在教育机会上强调每一个公民、每一个学习者无论其年龄、学习背景、学习动机、学习形式等,都有获得终身学习的机会。还尤其关注弱势群体、高危群体的教育及终身学习机会,通过拓宽社会成员覆盖面,致力于实现终身教育与终身学习的全民性。公平、包容不仅体现在教育举措中,更是渗透在学习型城市建设与发展的方方面面。在世界各国学习型城市建设与评价举措中,也时刻凸显着这一价值理念。如韩国光明市强调建立终身学习中心系统设施,致力于使得任何人可以在任何时间、任何地方获得所需的终身教育资源;墨西哥努力将公共领域转化为包容性的学习空间,促进对多样性个体的尊重;埃塞俄比亚的巴赫达尔通过提供丰富的学习项目,让女佣和小时工有了进入学校的机会,并且为他们提供了终身学习的机会等。

四、结合区域特征引领社会参与,构筑本土特色的学习型城市

构筑具有本土特色、多方参与、融合发展的学习型城市,不仅是我国教育现代化目标要求,也是国际学习型城市建设与评价的重要举措。各个国家结合自己的历史国情特征,协调社会各方力量参与学习型城市建设,以实现不同教育形态与教育形式的融合发展,实现政府与非政府等不同社会组织结构的共建共享。如英国成立"终身学习合作伙伴组织",通过建立专门的机构统筹学习型城市的建设与发展,以力图将城市中的经济、教育等各种力量联合起来,共同推动爱丁堡的学习型城市建设。巴赫达尔学习型城市的建设联合政府多个部门、结合松散的教育资源来共同实施学习型社区项目,众多的私人和非政府组织也都提供培训和教育服务,这些不同的机构通过建立平等协商的合作关系,开放共享各类教育学习资源,同时又相互监督约束,实现整体利益的最大化,在建设学习型城市中发挥着重要的作用;主要负责发起学习型城市的设计与建设的联邦地区教育部,与联邦区社会发展部、劳工部、就业促进部、卫生部、运动研究所、老年人保健所、教育信托保证机构等众多社会力量紧密合作,致力于将城市打造成公共学习空间。

五、围绕可持续发展目标加强城市韧性,实现长效、高质量发展

可持续发展目标不仅是城市建设发展的依据,也是多个优质学习型城市的主题定位。正如 2021 年"联合国教科文组织学习型城市奖"获得城市埃及达米埃塔市市长马那尔·阿瓦德(Manal Awad)所言:"学习在为公民提供所需资源和支持所有社会群体方面发挥着关键作用,当城市被要求应对日益增长的挑战及其影响时,它使城市更具有弹性。"①

六、积极承担集群发展中的大国责任,推进学习型城市的交流融通、国际合作

在促进城市现代化发展的前提下,学习型城市集群的构建所指向的第一要务就是促进和加强国际合作,加快城市文化与经验的流通。因此应积极响应联合国教科文组织于 2021 年提出的面向 2050 的新规划,在新冠疫情等诸多不稳定因素影响下,教育领域的国际合作不仅要在不稳定的世界秩序中运作,而且还必须对此作出回应。实现新的教育共识,需要新的国际合作模式。②作为负责任的大国,应积极承担起在集群中的国际责任,帮助国家和非国家行为体围绕实现新的教育社会契约所需的共同目标、规范和标准达成一致。③与此同时,作为学习型城市集群中区域核心之一,在进行建设经验和自身文化输出与交流时,应考虑到各区域之间的差异与特点,总结自身发展经验的同时,将各地教育特色与其文化背景结合起来,在理解互信的基础上,更好地进行城市建设的沟通与交流。在全球化、多元化的时代背景下,各种教育思想不断涌现并发生碰撞,在抵御文化侵袭的同时,应以公正和

---

① UIL, Access the Multimedia Story to Learn more about the UNESCO Learning City of Damietta, https://unesco-uil.pageflow.io/gnlc-awardee-damietta #316570.

② UNESCO, Reimaging Our Future Together, United Nations Educational, Scientific and Cultural Organization,2021, pp.153—154.

③ UNESCO,Reimaging Our Future Together, United Nations Educational, Scientific and Cultural Organization,2021, p.21.

公平的合作为前提,将教育作为一种公共和共同利益。①在集群中,现代化文化与教育的沟通与交流成为促进城市发展的重要力量,要着重把握自身的文化自信,以更加包容的态度面对全球城市文化,取其精华去其糟粕,从而提升学习型城市建设的核心内涵与发展水平。

本章小结

学习型城市建设与评价的国际理念与实践概况,一方面可以从联合国教科文组织所牵头组织开展的国际学习型城市大会进行宏观总结,探究在全球学习型城市网络下,国际学习型城市的价值驱动与全球图景;另一方面,本章试图通过选取不同区域不同特点的四个国际学习型城市,聚焦其不同的学习型城市建设举措与实践经验,实现对国际学习型城市建设与评价的微观分析。由此,从宏观到微观、从国际视野到具体实践,全面概括学习型城市建设与评价的国际理念与实践。在此基础上,结合我国教育现代化的目标要求,探析我国学习型城市建设与实践的完善路径。

从宏观角度,使用集群热图的方式作为研究方法,对世界"学习型城市奖"获奖城市的分布进行标注,总结梳理国际学习型城市集群的价值导向与主题内容,呈现出以下特征:可持续发展目标是主题集群的共同指向;促进社会发展是主题集群的整体趋势;保障社会公平是主题集群的发展要求;评价指标引导规范集群发展与建设的方向。

从微观角度分析国际上学习型城市的具体建设,以光明市

---

① UNESCO, Reimaging Our Future Together, United Nations Educational, Scientific and Cultural Organization, 2021, pp.170—171.

(韩国)、墨西哥城(墨西哥)、巴赫达尔(埃塞俄比亚)、爱丁堡(英国)为例,可以发现它们在学习型城市建设与评价方面的共同特征:在顶层设计层面,世界各国学习型城市的发展都重视从顶层设计层面尤其是政策法规方面,通过出台各类文件政策,保障并推进学习型城市的发展;在监测评价层面,当前国际学习型城市建设中已经形成了各具特色的评价指标体系;在价值理念层面,世界各国学习型城市建设与评价举措中都致力于实现终身教育与终身学习的全民性、公平性、包容性;在多元参与方面,各个国家都注重结合自己的历史国情特征,协调社会各方力量参与学习型城市建设,以实现不同教育形态与教育形式的融合发展,实现政府与非政府等不同社会组织结构的共建共享。

　　基于宏观与微观层面对国际学习型城市建设与评价的实践经验的总结分析,在现代化视域下,我国应结合教育和社会发展的新思想、新要求,积极吸取国际学习型城市发展的优秀成果与经验,为进一步建成服务全民终身学习的现代教育体系,推动学习型社会、学习型城市建设,未来应继续在顶层设计、评价监测、价值引领等多方面进一步优化完善:(1)以顶层设计为基础,推进学习型城市的系统性、前瞻性发展。积极发挥国家层面的顶层设计导向,出台国家层面的立法,保障公民的终身教育权利和终身学习机会,建立全民终身学习的制度环境,不断完善终身学习服务平台。(2)充分发挥以评促建,推进学习型城市的规范化、有效化发展。因地制宜,在联合国教科文组织全球学习型城市评价指标体系以及我国学习型城市评价指标体系的基础上,开发适合本区域的评价指标体系,以提高监测和评估的客观性与真实性。(3)以社会公平为价值引领,推进学习型城市的全民性、包容性发展。充分发挥《中国教育现代化 2035》中"更加注重面向人人、更加注重终身学习、更加注重因材施教"的基本理念,以学习型城市建设为抓手,扩大教育的深度和广度,更广范围地全纳人群。(4)结合区域特征引领社会参与,构筑本土特色的学习型城市。构建全社会共同参与建设、共同参与治理、共同分享成果的学习型城市建设发展新格局。(5)围绕可持续发展目标加强城市韧性,实现长效、高质量发展。以合作共建共赢为目标,实现集群化的平等、和谐、可持续发展。(6)积极承担集群发展中的大国责任,推进学习型城市的交流融通、国际合作。着重把握自身的文化自信,以更加包容的态度面对全球城市文化,取其精华去其糟粕,从而提升学习型城市建设的核心内涵与发展水平。

第四章　教育现代化视域下 我国学习型城市建设的实践探索

　　为了深入推进学习型城市建设,联合国教科文组织通过多举措,包括 2013—2023 年十年间召开 5 次大会、建立网络、颁发奖章以及制定评价指标体系等,一系列的举措对我国学习型城市的建设产生了重大的影响和深远的意义,指引着我国学习型城市建设的步伐。第一届国际学习型城市大会在首都北京召开,在此次会议上将学习型城市的基本特征和主要战略给予明确;我国四个城市都获得了国际学习型城市奖,在国际上贡献中国经验。无疑,创建学习型城市是提高市民综合素质的活力源泉,是实现城市可持续发展和人的全面进步、增强城市核心竞争力的有力举措,在教育现代化发展中具有重要的意义和作用。推进教育数字化,建设全民终身学习的学习型社会、学习型大国是新时代发展的趋势与必然。通过二三十年各个城市的共同努力,在政府的推动下,我国各个城市积极致力于学习型城市建设,并取得了显著成绩,不仅居民的文化素养、精神面貌有了很大的变化,终身学习和全民学习更是成为市民的共识,努力参与其中。在学习型城市建设中,实现人民对美好生活的追求,实现城市高质量发展。

第一节　教育现代化视域下我国学习型城市建设的概况

教育现代化是中国式现代化的重要组成部分,优先大力发展教育,构建满足全面美好学习需求的终身学习服务体系,这是学习型城市建设的出发点和归宿,更是实现中国式现代化的关键支撑和动力引擎。为此,从 20 世纪末开始,我国各个城市纷纷提出建设学习型城市的目标,将其作为实现个人发展、社会稳定、文化繁荣、经济增长及城市可持续发展的重要抓手。就国外而言,虽然我国学习型城市起步较晚,但在政府大力推动和各部门广泛参与下,建设进程取得了快速发展。

一、我国学习型城市建设的政策演进

一直以来,我国在推进教育现代化建设的进程中高度重视学习型城市建设,学习型城市充分体现了我国政府的政治意愿和政治承诺,这是学习型城市在中国有序推进的前提与基础。因此,在多次大会、各类政府文件中我国政府多次强调要建设"学习型社会",城市是社会的基础,只有通过学习型城市的建设才能最终"基本形成学习型社会"。

(一)我国学习型城市建设酝酿阶段

坚持政府主导、顶层设计、总体规划及确定行动,是我国学习型城市建设的关键。1995 年,《中华人民共和国教育法》明确规定,公民依法享有平等的受教育机会,确定了终身教育制度,建立和完善终身教育体系,这就从法律角度保障公民依法享有受教育权和终身学习权。[1]1999 年,《面向 21 世纪教育振兴行动计划》中

---

① 　《中华人民共和国教育法》,载中华人民共和国教育部政府门户网,http://www.moe.gov.cn/jyb_sjzl/sjzl_zcfg/zcfg_jyfl/202107/t20210730_547843.html。

提出,到 2010 年,基本建立起终身学习体系,为国家知识创新体系的建立和现代化发展提供充足的人才支持和智力支撑。①2001年,在亚太经合组织人力资源能力建设高峰会议上,我国正式提出构建终身教育体系和创建学习型社会的发展蓝图和发展愿景,②《中华人民共和国国民经济和社会发展第十个五年计划纲要》提出,要大力发展成人教育和其他继续教育,终身教育体系逐步形成大众化和社会化的格局,③从而为学习型城市的提出与明确奠定了政策基础。

（二）我国学习型城市全面建设阶段

进入新时期,为了实现教育现代化发展,党和国家更加注重人人皆学的学习型城市建设。2002 年,党的十六大报告提出,人民享有接受良好教育的机会,努力建设全民学习、终身学习的学习型社会,促进人的全面发展,这是全面建设小康社会的奋斗目标。自此,学习型城市建设热潮在国内各个城市掀起。"促进教育全面协调发展,建设学习型社会"这一发展目标被写入国家"十一五"规划纲要中。2007 年,党的十七大报告更进一步明确了要进一步完善终身教育体系,勾画了学习型社会的战略目标和战略部署。2010 年在《国家中长期教育改革和发展规划纲要（2010—2020 年）》中提到,到 2020 年,基本实现教育现代化和形成学习型社会。2011 年,国家"十二五"规划中提到,加快发展继续教育,建设全民学习、终身学习的学习型社会。2012 年,党

---

① 教育部:《面向 21 世纪教育振兴行动计划》,北京开明出版社 1999 年版。

② 江泽民:《加强人力资源能力建设共促亚太地区发展繁荣——在亚太经合组织人力资源能力建设高峰会议上的讲话》,载《中华人民共和国国务院公报》2001 年第 19 期。

③ 《中华人民共和国国民经济和社会发展第十个五年计划纲要》,载中华人民共和国中央人民政府网,https://www.gov.cn/gongbao/content/2001/content_60699.htm。

的十八大报告提出,积极发展继续教育,完善终身教育体系,建设学习型社会。可见,这一阶段国家各类重要文件中都将全民学习、学习型社会建设放在社会发展的重要位置,体现了国家在这一阶段对学习型社会建设和终身教育发展的重视程度不断提升,更为下一阶段学习型城市建设的指导文件出台奠定了基础。

(三)我国学习型城市建设快速推进阶段

2014年,教育部等七部门联合发布了《关于推进学习型城市建设的意见》,对学习型城市建设工作作出了专门部署与具体要求。《关于推进学习型城市建设的意见》中提到,建设学习型城市,是实现学习型社会的重要基石,对提升国家核心竞争力和社会文明程度,对促进城市建设的管理创新,对满足居民终身学习需求和促进人的全面发展等具有重要意义。《关于推进学习型城市建设的意见》也进一步明确了近阶段的主要任务,包括大力培育和践行社会主义核心价值观、构建终身教育体系、建立完善现代企业职工教育培训制度、广泛开展城乡社区教育、推进各类学习型组织建设、统筹开放社会学习资源、有效应用现代信息技术等七个方面;同时还就学习型城市建设的体制、保障、可持续发展等具体问题进行明确。简言之,这份文件的出台,不仅标志着国家层面学习型城市建设指导文件的诞生,更预示着学习型城市建设将不断走向规范,这也为各地方城市的建设文件出台和工作推进提供了依据。2017年,党的十九大报告提出,加快建设学习型社会,大力提高国民素质。随着国家经济社会的不断发展,学习型社会建设也在不断提速。2019年,《中共中央关于坚持和完善中国特色社会主义制度 推进国家治理体系和治理能力现代化若干重大问题的决定》提出,加快发展面向每个人、适合每个人、更加开放灵活的教育体系。①2020年,在《中共中央关于制定国民经济和社会发展第十四个五年规划和二〇三五年远景目标的建议》中继续强调,完善终身学习体系,建设学习型社会的任务。②2022年,党的二十大报告指出,建设全民终身学习的学习型社会、学习型大国。学习型城市是学习型社会、学习型大国实现的基石和支撑,在学习型社会建设中具有引领性和支撑性作用,是建设学习型社会、学习型大国的必由之路。这一阶段我国学习型城市建设已从理念追求逐步走向了实践深化,从作为国家其他政策的组成发展到具有独立政策,与国家经济社会发展关系更为密切。

二、我国学习型城市建设的主要特征

据不完全统计,我国已有100多个城市宣布创建学习型城市。北京、上海、深圳、大连、常州、南京、青岛、杭州、郑州、西安、太原、重庆、天津等一批城市正式决定创建学习型城市,其中北京、杭州、成都、上海等四城市荣获全球学习型城市奖,形成了中国学习型城市建设的基本特征。

(一)形成党委领导、政府为主导,社会共同参与的良好格局

学习型城市建设中政府应始终发挥主导和主要责任,这是由我国国情和学习型城市建设的必然要求。正如联合国教科文组织在《建设学习型城市北京宣言》中指出,学习型城市建设必须带有强烈的政治意志和承诺,在学习型城市建设中要充分展示政治领导和坚定承诺,更要统筹规划和科学制定学习型城市建设方

---

① 《中共中央关于坚持和完善中国特色社会主义制度　推进国家治理体系和治理能力现代化若干重大问题的决定》,载中华人民共和国中央人民政府网,http://www.gov.cn/zhengce/2019-11/05/content_5449023.htm。

② 《中共中央关于制国民经济和社会发展第十四个五年规划和二〇三五年远景目标的建议》,载中华人民共和国中央人民政府网,http://www.gov.cn/zhengce/2020-11/03/content_5556991.htm。

案,明晰学习型城市建设的目标是什么,任务有哪些、路径在哪里,保障所有居民均能够实现终身学习。基于此,我国政府将学习型城市这一建设目标列入城市国民经济和社会发展规划,成立多部门共同参与的推进学习型城市建设工作领导小组等管理机制,制定专项建设政策,更是从人力、经费等各方面给予保障。例如,上海、北京等城市相继建立了市、区(县)、街道三级跨部门、跨行业的学习型城市领导体系和管理网络(见表 4-1),形成党委领导＋政府主导＋各部门统筹协调＋多方社会力量共同推进的学习型城市建设多部门合力参与、共同推进的工作格局,激发了城市的学习活力。

表 4-1　学习型城市建设各部门职责[①]

部　　门	学习型城市建设责任分工
教育部门	积极构建终身教育体系,统筹学校教育资源服务学习型城市建设。
精神文明建设指导部门	将学习型城市建设与本地区文明城市建设相结合,着力提升社会道德水平。
发展改革部门	将学习型城市建设纳入相关发展规划,明确相应阶段性目标。
民政部门	将学习型城市建设与社区建设相结合,把社区教育工作纳入社区服务体系建设规划,提高居民能力素质,促进社会和谐。
财政部门	加大学习型城市建设的支持力度。
人力资源和社会保障部门	学习型城市建设与区域人力资源开发结合起来,积极开展继续教育活动,不断提升劳动者素质。
文化部门	将学习型城市建设同公共文化服务体系建设结合起来,积极探索公共文化资源服务社会的有效途径,不断满足人民群众多样化的精神文化需求。

① 《教育部等七部门印发关于推进学习型城市建设的意见》,载中华人民共和国教育部网,http://www.moe.gov.cn/jyb_xwfb/gzdt_gzdt/s5987/201409/t20140915_174940.html。

在墨西哥城第二届国际学习型城市大会上再次提出,企业要将终身学习作为其员工学习的首要责任,社会组织要为成员积极提供良好的教育平台和优质的学习机会。我国政府通过营造有利于社会组织参与学习型城市建设的环境,形成政府—市场—社会三方服务格局,创造多元平台与条件鼓励社会力量广泛参与学习型城市建设。从系统化理论看,学习型城市是由一个个子系统融合而成,属于学习型组织系统。因此,学习型城市建设应是在学习型机关、学习型企业、学习型社区、学习型学校等一系列学习型组织的共同建设中才能实现。例如,北京学习型城市建设获得成功,使各个职能部门与个人的作用得到充分发挥:人保局为失业人员、农村劳动力、在职职工和高技能人才开展职业技能培训;共青团组织青少年开展读书节、青年榜样论坛等主题学习活动;市民自发建立了公益组织和社团,积极开展自主学习,传承北京传统文化和帮助弱势人群。多方参与,不仅调动城市各方资源,更让北京学习型城市建设充满活力,营造了全民学习的良好氛围。可见,充分整合各方资源、调动社会各界与广大市民的积极性,是推动学习型城市建设的直接动力与关键因素。

（二）不断完善构建终身教育服务体系

建设学习型城市必须采取切实可行的举措,包括构建终身教育服务体系,全面提高教育各阶段入学率,积极开展社区教育,促进职业培训和工作场所的学习,充分应用现代化教学技术,改善优化学习质量,营造乐学尚学的浓厚学习氛围。面向教育现代化2035,我国政府将满足人民日益增长的终身学习需求和培育市民可持续发展未来所需的态度、技能、价值观和知识作为完善终身教育体系和学习型城市建设的根本动力和目标。终身教育服务体系是学习型城市的"支架",国内各地各单位通过向社会开放各类学习资源,"学社联动"促进了社区教育的发展,特别是各级各类学校,让成人重新走进课堂、回到学校,拥有再学习机会。学分银行制度的确立,开放大学的创建,亦打破了学习与工作之间的障碍,并由此实现了终身教育体系的建构。简言之,终身教育服务体系的建立路径应包括构建开放、多元、灵活的继续教育平台,完善衔接融通的记录学习经历、权威认证和累计学习成果的机制方式,便捷、优质和多元服务各类人群的终身教育资源供给等。为了进一步推进终身教育体系建立,相关城市已经通过地方立法为建设学习型城市提供制度机制保障。

（三）依托网络大力建设智慧型学习服务平台

20世纪90年代以来,中国政府把大力发展远程教育作为实现学习型城市建设和全民终身学习的重要途径。加快整合社会各方面的资源,建设智能、快速、综合的终身学习在线平台,开发优质、丰富的网络课程资源,为学习者提供时时能学和处处能学的资源共享环境;加快图书馆、博物馆等各类公共服务体系建设,进一步优化各级各类学习的网络环境;建立以学习者为中心的终身学习服务体系,提供精准推送、个性化、定制化的智能学习和交互式学习服务。一是建立了终身学习数字化服务平台,如"北京学习型城市网""天津终身学习网""上海终身学习网""广州数字化学习港""长沙终身教育学习网""常州终身学习在线"等,深受老百姓欢迎。二是建设智慧型的终身教育学校网络,包括社区学院、社区学校、三类学习点的各级社区教育、老年教育机构的智慧化建设;科技馆、博物馆、图书馆、展览馆、文化馆等社会公共学习平台的智慧学习功能的开发。三是开发集聚大量的数字化网络学习资源,满足不同群体的时时学,包括公民素养、生活保健、职业技能、休闲技艺、语言文字、就业指导、法律维权等多元丰富的学习内容。四是建立以大数据为基础的终身学习分析系统,通过对学习者的学习需求、学习过程、学习行为和学习结果等数据进行综合分析,动态地调整终身教育服务内容,动态地推荐课程、学校、学习路径的辅助和引导系统。教育现代化背景下,信息化、数字化等正在更新我们对以往实体化的学习型城市建设的理解和认识,时空不再是阻碍智能时代学习型城市建设的障碍,学习型城市建设正不断从极力凸显"学习外形"的阶段走向追求内涵式的阶段。

(四)因地制宜、以人为本努力形成建设特色

建设学习型城市不仅是提高城市软实力和学习力的基础工程,更是提高市民核心价值观和综合素养的育人工程。基于此,为了实现城市韧性而有个性地发展,在学习型城市建设中,政府须进一步统筹协调,激发市民终身学习意识与学习积极性,努力减少甚至消弭学习型城市建设中存在的区域差异;同时,各个城市在国家政策文件指导下充分考虑到不同城市的特点与优势,打造富有创造力和魅力的学习之城。北京市建立了完善的学习型城市建设机制,并将创建学习型城市纳入各区县常规性和重点工作规划中,对人力、物力和财力给予充分的保障支持,在理论和实践层面都取得了显著的建设成效,彰显了学习之都的魅力。上海市是我国率先开展学习型城市创建活动和实施终身教育立法的城市;以信息技术为主要支撑的开放大学在社区教育中有重要作用,并在终身教育投入、师资队伍建设等方面采取了有力举措,市民对终身学习一直保有十足的热情与积极性,并且学习成效明显,促进了社会治理和城市文明进步。常州市虽然学习型组织建设起步晚,但坚持扎实推进,总结提炼了中等城市在学习型城市和终身学习体系建设的宝贵经验,为我国其他中等城市学习型城市建设提供了样板与示范。深圳作为南方沿海城市,在快速发展经济的同时积极加强城市文明建设,连续多年开展适需、公益性、高质量和多元化的各类学习活动,得到市民认可,参与学习的积

极性旺盛,促进全民终身学习;同时,作为图书馆之城,在全国率先为市民提供 24 小时借还服务,方便学习者阅读。总的说来,学习型城市建设重在人民群众的获得感、幸福感和满意度,根本目的在于实现市民富有个性而全面的发展,这是检验学习型城市建设的根本标准,更是学习型城市富有特色建设的出发点与归宿。

第二节　教育现代化视域下上海市学习型城市建设概况

为了实现教育现代化,上海坚持优先发展教育事业,保障教育公平,努力实现教育优质与创新发展。为了率先全面实现教育现代化,全方位坚持学习型社会,教育发展水平达到全球城市前列,上海率先在全国启动学习型城市建设,社区教育和老年教育蓬勃发展,为全体市民提供便捷、多元、泛在可选的教育服务,建成具有中国特色的上海模式,为国际学习型城市建设提供智力支撑。

一、上海市:率先提出"学习型城市"建设

2021 年,上海市荣获联合国教科文组织颁发的"学习型城市奖",是继北京、杭州和成都后的我国获此荣誉的第四个城市。"学习的城市,卓越的未来"一直是上海学习型城市建设的目标,通过学习机制建设、氛围营造、资源供给等学习型城市建设,实现每个市民富有个性而全面的发展,这是城市软实力发展与文化传承的内在需要。从 1999 年至今,上海学习型城市建设走过二十多年,经历了以下三个阶段:

(一)开始探索阶段(1999—2006 年)

"努力把上海建成适应新时代的学习型城市",这是 1999 年上海提出的目标定位,更是上海对 21 世纪发展的一次庄严宣告,在此之后,在各级各类政策中不断提到学习型城市建设,全市掀

起了学习型城市建设浪潮。2000 年,在国家文件指导下,上海市基于城市特性提出,要让市民在不同的人生阶段都能获得相应的学习机会,努力建成适应时代要求的"学习型城市"。①在同年的市级成人教育工作会议上,提出要加快建设学习化社区和企业,形成覆盖全市的成人教育网络,努力实现学习型城市的建设目标。2001 年,《上海教育事业"十五"计划和 2015 年规划纲要》提出,要让市民在人生不同的阶段都能获得相应的学习机会,基本建成与现代化国际大都市相匹配的"学习型城市"。2004 年,在中共上海市委八届六次全会上再次强调,要建设一个终身学习、全民学习的学习型城市。2006 年,《关于推进上海学习型社会建设的指导意见》出台,通过五年努力,要基本形成完善的终身教育体系,"人人皆学、时时能学、处处可学"的学习型社会初步建成;提出了发展职业教育、继续教育、社区教育、老年教育和农村教育五项重点工作和加强四种学习型组织建设,即学习型机关、学习型企事业、学习型社区和学习型家庭。在这一文件指导下,同年,上海市成立了"上海市推进学习型社会建设与终身教育促进委员会"(以下简称"学促委"),其由市精神文明委领导,市委宣传部、市委组织部、市精神文明办、市教委等十三个部门联合组成,负责学习型城市建设的规划决策、统筹协调、指导监督等工作。至此,上海市学习型城市建设进入了全面推进的轨道。

(二)全面推进阶段(2007—2011 年)

为了保证建设稳定科学、规范有序,上海市建立"推进学习型社会建设办公室";市教委为了落实此项工作,专门成立了独立的处室,即终身教育处。各区县和街镇纷纷建立相应职能部门和机

---

① 上海市教育委员会:《大力发展成人教育把上海建成适应时代要求的学习型城市》,载《中国职业技术教育》2001 年第 7 期。

构,这就形成了市—区—街镇三级管理机构,保障学习型城市建设的工作推进与落实。同时,依托上海远程教育集团,成立了"上海市学习型社会建设服务指导中心",协助学促委开展各项服务与指导工作。①同年,上海市学习型社会建设与终身教育推进大会召开,会上提出,要推进学习型组织创建全覆盖,继续开展群众性的学习活动,发挥各方合力整合教育资源,要以建设"社区学院"为抓手,构建市开放大学—区社区学院—街镇社区学校的终身教育系统,进一步推进学习型城市建设。基于此,上海市相继出台了《关于推进本市社区学院的指导意见》《社区教育三级半办学网络建设的工作方案》《老年教育"十二五"发展规划》等文件,为学习型城市可持续发展提供指导与保障。到 2008 年底,上海市 17个区县都完成了社区学院建设,配备专门人员,负责指导社区教育各项工作的推进,四级网络基本完成。②2009 年,为了适应数字化城市建设,全市数字化学习公告服务平台"上海学习网"开通,初步形成了网上学习资源建设机制。2010 年《上海市中长期教育改革和发展规划纲要》也明确提出"建设终身教育体系和学习型社会"。2011 年,学促委颁布的《上海市学习型社会建设与终身教育促进三年行动计划》,对学习型城市建设提出了三个新目标,一是基本形成较为完善的终身教育体系,二是基本形成终身教育与学习型社会建设的综合平台,三是基本形成教育培训服务业高地。③尤其是,2011 年《上海市终身教育促进条例》的出台,标志着上海学习型城市迈向了快速发展的新征程。

---

① 袁雯:《为了每个市民的终身发展——上海建设学习型城市的探索》,载《开放教育研究》2013 年第 4 期。

② 杨平等:《上海社区学校建制研究》,载《职教论坛》2013 年第 15 期。

③ 庄俭:《发展终身教育推进学习型社会建设》,载《继续教育》2012 年第 11 期。

（三）快速发展阶段（2012 年至今）

从 2012 年至今，上海学习型城市建设在快速发展中，不断走向内涵深化和优质卓越。为了给市民提供泛在可选的学习资源与平台，2012 年，上海设立全国首个省级终身教育学分银行，为各级各类教育学分和学习成果互认与衔接提供保障。①在上海老年大学"东西南北中"5 所分校的基础上，2012 年，上海为了进一步提升社区老年学校办学的标准化与均衡化，开始在全市范围内实施标准化提升工程建设，侧重办学场所的硬件设施建设。2016年，《上海终身教育发展"十三五"规划》明确学习型城市建设目标，包括文化方面、教育制度方面、学习环境和学习品质等方面。同年，《关于进一步推进本市学习型社会建设的若干意见》出台，到 2025 年上海建成具有国际影响力的学习型城市成为未来几年的建设目标。这是上海学习型城市建设具有深远意义的重要政策文件，更是对未来上海市学习型城市建设进行了系统性规划。为了提供泛在可选的线上学习资源，截至 2018 年底，上海学习网提供了 3 万门在线课程、7 万余册电子书籍、6 000 多种有声图书。同时，为了丰富市民学习方式与内容，开辟市民终身学习场所，2017 年，《关于进一步推进上海市民终身学习体验基地建设的指导意见》出台，截至 2021 年，全市创建了 12 个市民终身学习体验基地，设立了 156 个体验站点，开发 1 280 个体验项目，每年参与市民 250 多万人次。开展市民终身学习人文行走，打造 30 条主题线路，涵盖 200 多个学习点。②2019 年，上海加入全球学习型城

---

① 齐亚丽：《我国学分银行建设的现状、困境及对策建议》，载《教育与职业》2019 年第 6 期。

② 上海市学习型社会建设服务指导中心、上海市学习型社会建设与终身教育促进委员会办公室：《上海学习型社会建设（2021）》，上海人民出版社 2022年版。

市网络,积极开展学习型城市国际交流与合作。2021 年,在韩国延寿举行的联合国教科文组织第五届国际学习型城市大会上,上海成为 2021 年"学习型城市奖"获奖城市之一,这也预示着上海在"十四五"期间,学习型城市建设将迈上新的台阶。

二、上海市学习型城市建设特色

上海学习型城市建设通过二十多年的努力发展,积极创新学习方式,完善学习服务,广大市民通过丰富多彩的学习积极性不断提高,城市不断提升学习力和软实力,学习型城市建设在国际和国内的影响更加凸显,展示了上海学习型城市建设的独特之处。

(一)强调关注市民多样化的需求

"人民城市人民建,人民城市为人民"是上海城市发展的理念,同样是学习型城市建设的目标与归宿。上海在学习型城市建设中,充分关注每个市民的学习需求,尤其是一些特殊人群,体现了教育的包容而普惠。关注老年人,坚持"在学习中养老"的理念,为老年人提供学习资源、学习平台、学习阵地,鼓励老年人加入各类学习团队,与志同道合的老年朋友开展学习交流,在上海开放大学设置老年教育学院,加强老年人才培育,激发老年人口红利;同时,也关注弱势老年群体的学习需求,例如建立三类学习点,将课程资源送到日间照料中心、敬老院等,实现养教结合。关注外来务工人员,为外来务工人员和基层员工设立百万在岗员工学历提升工程,打造以"能力和学历双提升、学校教育和工作场所双空间、线上线下双途径、高校教师和企业导师双师资、技能证书与学历文凭双证"为特色的继续教育模式。关爱残障人士学习需求,2011 年上海残联和上海开放大学合作,成立残疾人教育学院,同时在各个区建立了残疾人学习中心,较多设在社区学院,例如徐汇区特殊教育中心设在徐汇社区学院,开设从中专到本科的多层次学历教育课程和各类培训,每年为千名以上的残障人士提供学习服务。

(二)注重信息技术对建设的引领

随着数字时代的来临,建设学习型城市与建设数字城市双向推动,数字时代带来了城市的变革,也推进了智慧教育的发展。在数字中国发展背景下,上海市积极响应国家政策,将数字化学习和智慧教育纳入学习型城市建设的总体规划与行动方案中,形成了信息技术引领学习型城市建设的时代局面。首先,提升了终身学习资源建设和使用的智能化运行水平,加强学习资源的共享共用,更推进了智慧城市建设。2009 年,"上海学习网"开通,作为全市数字化学习公共服务平台,实现了市—区—街镇—居村等四级网络架构,初步建成满足市民学习需求、便捷的网上学习资源平台。同时,上海各区县建立了各具特色的数字化系统,形成了较强功能的数字化学习网络架构,将实体化学习与线上学习相融合,建设符合市民学习需求的各类学习资源。上海老年人学习网关注老年人的学习需求与学习特点,引导老年人自主学习、互动学习,深受老年群体的喜爱。在疫情背景下,大力推进"空中课堂",实现"停课不停学"。上海市各级各类学校全部调整为线上教学,全市制定统一的教学方案和教学计划,线下课堂变为空中课堂,成为教师教与学生学的主渠道和主空间,努力保障全体市民居家学习。简言之,上海市随着智慧教育不断深入,提高了市民对信息化、数字化和智能化的知晓度、认同度,也反向加速推进上海学习型城市建设。

(三)形成了相对成熟的体制机制

上海作为国内较早开展学习型城市建设的城市,在学习型城市建设的运行体制机制建设、保障体系建设、队伍建设及可持续发展政策等方面都较为成熟。第一,在政府主导、多方推动和统筹协调的体制机制指导下,建立学促委,由13个部门共同组成,制定联席会议制度,发挥引领和风向标作用,制定学习型城市建设重要政策文件与实施方案,规划学习型城市建设进程和路径。第二,社会力量积极性逐年提升,包括民办培训机构、社会组织、各类企业等,相互支撑和相互配合,形成良好的学习生态。例如,社区教育办学机构与敬老院、企业、综合医院服务中心等合作,设立养教结合点、社会学习点和日间照料中心,为老年人提供便捷的学习服务,建立15分钟学习圈,服务15分钟文化圈建设;与高校、文化企业等合作,建设社区学习坊等,为市民带来高质量的学习内容与多元的学习体验。第三,设立专项经费,专款专用,保障学习型社会建设经费支出。上海市在2017年《上海市街镇社区学校内涵建设合格验收指标体系》中提到,街镇(教育局)按照常住人口人均每年不少于10元的经费投入,用于学校加强师资队伍,提升办学能力等。简言之,上海市学习型城市建设工作的持续和稳定推进在于制度机制的完善建立。

三、上海市学习型城市建设成效

在二十多年的发展中,上海市学习型城市建设已经进入快速、高质量发展阶段,更在发展中不断形成富有上海品格的学习型城市建设特点和富有推广价值的建设成效。

(一)形成富有创新与活力的学习文化

创新与活力是城市的灵魂,更是学习型城市建设的归宿与起点。上海不断实现终身学习制度创新、学习项目创新、学习形式创新,更激发了城市的活力、组织的学习动力和市民的学习热情。例如,为了健全终身学习激励机制,上海进行了一系列制度创新,包括进一步修订和完善《上海市终身教育促进条例》、健全和完善学习成果转换制度,完善和优化市民学习激励等。同时,将学习与社区治理紧密融合,在学习中实现治理现代化与有效化。上海将居民个人学习与社区发展紧紧联系,在提升个人文化水平时促进素养提升,不断推进学习型城市建设。例如,上海市松江区石湖荡镇为了推进垃圾分类工作,提高本镇居民对垃圾分类的认识与重视,依托石湖荡镇社区学校开设"践行环保新时尚,垃圾分类我先行"系列课程;为向居民普及法律知识,聘请律师作为兼职教师,通过线上线下教学让民法走进千家万户;同时,用老百姓听得懂的沪剧将智慧助老、志愿服务、特色品牌等"唱"给社区居民听,充分激发广大居民参与社区教育的热情、创造性,推进社区居民参与社区治理,增强居民参与社区事务的意识和能力。

（二）构建多维立体的终身学习服务空间

根据学习型社会建设统计,目前上海市形成四级社区教育办学网络,全市建有 16 个社区学院,212 所街道社区学校,5 800 余个村居学习点,社区教专职教师 1 781 人,兼职教师 5 239 人,配备了 44 921 名社区教育志愿者。持续十多年开展"全民阅读·终身学习"等系列活动,"我爱读书·我爱生活"成为上海市民积极向上的生活方式。连续多年举办上海书展、市民大讲堂、市民诗歌节、市民诵读节等系列主题学习活动,营造终身学习氛围。针对疫情期间学生和市民的居家旺盛学习需求,为了实现"停课不停学",上海组织全市优秀教师录制覆盖中小学全学段、全学科的线上课程,建立高效便捷的"空中课堂"和"金色学堂",有力服务 300多万名学生在线学习,免费向市民推送 3 万余节精品课程。上海通过建立服务于学习型企业建设的运行机制,搭建多元、分层学习资源平台,提供丰富多元的学习内容,实现需求对接,靶向发力,精准服务。漕河泾开发工业园区建立"白领晚自习",提供硬笔书法、瑜伽、国画、职场妆容、职场礼仪、香道、古琴、桌面油画、陶艺制作、多肉植物种植、西点烘焙等课程,学习内容丰富,充分满足了员工的多样化学习需求。①

（三）建成富有现代化的教育新形态

上海学习型城市建设中以服务全体市民终身学习、生活和发展为指引，构建个性化、终身化、数字化、网络化以及融合、衔接、泛在的教育新形态，打造学习型城市升级版。随着上海学习型城市建设的不断深入推进，学习型家庭、学习型社区、学习型企事业单位、学习型机关及新型学习型组织等已成为现代教育的重要支柱，在市民终身学习和发展中各自发挥独特作用，支撑从个体到群体、从普通市民到企业员工、从幼儿到老人的终身学习需求。同时，在政府主导下，更好地发挥市场机制在教育资源配置中的重要作用，多元主体参与教育服务更具活力，塑造一批社会力量参与办学的典型。②例如，上海"两新组织"作为学习型组织的新生力量，建设有效整合了社会资源力量，提高了各类组织团体的可持续发展能力，扩大了学习型组织的覆盖区域和人群范围，为学习型组织建设理论与实践提供了新思路。静安区"白领驿家"是上海第一个为白领专设的公益性组织平台，其积极整合开发区内资源力量和学习需求，通过自我管理、自我运作的社会化工作模式服务白领群体，围绕白领"吃、喝、玩、乐、动、衣、食、住、行、医"的需求，设计了运动休闲、心灵驿站、白领学堂（国学堂、形象堂、在家堂）、白领公益等8大板块服务内容，在满足白领多样化需求的同时也强化了白领群体的管理、责任意识。③

大力推进学习型城市建设，努力把上海建设成学习城市，提升市民的学习力和城市的软实力是新时代的鲜明主题，更是实现

---

① ③　国卉男等：《学习型组织的理论演进与实践探索》，载《当代职业教育》2022年第6期。

②　上海教育现代化研究项目组：《上海教育现代化2035战略图景研究》，上海人民出版社2019年版。

教育现代化的应有之义。面向未来,上海市在坚持城市海纳百川的城市品格基础上,在推进学习型城市建设中将更加体现学习的包容性、学习的丰富性、学习的公平性、学习的优质性和学习的可持续性。

第三节　教育现代化视域下北京市学习型城市建设概况

《首都教育现代化 2035》提到,到 2035 年实现高水平教育现代化,建成理念先进、体系完备、质量优良、环境优越、保障有力的首都教育,构建充满活力、丰富多彩的终身学习环境。作为建设最早的城市,北京在努力创建学习型城市历程中,在实施"绿色北京、人文北京、科技北京"中为首都教育现代化和教育高质量发展奠定了基础。

一、北京市:优先完善学习型城市建设制度体系

北京市作为我国首个获得国际"学习型城市奖"的城市,从 21 世纪初开始建设学习型城市,将学习型城市建设作为推动北京社会文明和城市进步的重要抓手,在学习型城市建设中不断推进教育现代化,实现教育发展达到全球前列,形成了首都学习型城市建设的模式和特色。

（一）初步探索阶段（1998—2006 年）

北京学习型城市建设初步探索阶段主要围绕"建设学习型社会"的问题。在 1998 年两岸"现代化建设与成人教育学术研讨会"上首次提出。2000 年,《北京市国民经济和社会发展第十个五年计划纲要》提出,要构建终身教育体系,至此,在文件的指引下,北京市有计划地开展了学习型城市推进工作。2001 年,《市教委关于全面推进社区教育　促进首都学习化社区建设的意见》提出"力争用八到十年时间,努力把北京建成学习化城市","学习型企

业先进单位创建"等各类评估工作拉开帷幕。2002年,中国共产党北京市第九次代表大会召开,再次重申"建设学习型社会,推进教育现代化"的战略目标。①2004年,北京将"初步形成学习型城市"列为首都2010年教育改革和发展目标,"学习型城市"取代了"学习型社会"的表述,标志着北京学习型城区建设开始全面铺开,这将有力促进北京学习型城市在全市范围内的开展。2005年北京市政府《关于制定北京市国民经济和社会发展第十一个五年规划的建议》提出,着力构建终身教育体系,积极推进学习型城市建设。②文件中再次确立学习型城市建设这一教育目标。

(二)全面推进阶段(2007—2015年)

2007年《关于大力推进首都学习型城市建设的决定》的颁布,标志着北京学习型城市建设进入全面推进阶段。《关于大力推进首都学习型城市建设的决定》提出,到2010年,初步建成学习之都,为创造一流业绩,推动各项工作向前发展。建立健全各级领导责任制,明确各级各部门的工作职责和管理制度,创新工作机制,成立"北京市建设学习型城市工作领导小组";确定学习型城市建设的实施体系和推进策略。③2013年,首届国际学习型城市大会在北京召开,④在大会中介绍了北京的建设经验,大会通过了《建设学习型城市北京宣言》和《学习型城市的关键特征》两项重要文件,也成为建设国际学习型城市的重要指南。⑤至此,在《关于

---

①③ 孙善学:《北京市学习型城市建设历程、特征及趋势研究》,载《经济与管理研究》2014年第7期。

② 杨树雨:《北京市学习型城市建设实践与发展探讨》,载《北京宣武红旗业余大学学报》2017年第1期。

④ 《联合国教科文组织首届国际学习型城市大会在京开幕》,载中国新闻网2013年10月22日,https://www.chinanews.com.cn/sh/2013/10-22/5406992.shtml。

⑤ 张翠珠:《追寻学习型城市建设路径:北京模式的探索》,载《开放学习研究》2017年第2期。

大力推进首都学习型城市建设的决定》和首届国际学习型城市大会的影响下,北京学习型城市建设注重以企业、社区为建设重点,完善终身教育体系;突出学习型组织创建与评估从初步探索到全面深化,各类学习型组织创建与评估在全市不断推进。2015年,基于北京学习型城市建设评估与监测的前沿探索,积累和提炼学习型城市建设的北京模式和北京经验,在第二届国际学习型城市大会上介绍北京做法、经验。①

（三）跨越式发展阶段（2016 年至今）

北京市教委于 2016 年联合多部委发布的《北京市学习型城市建设行动计划（2016—2020 年）》,标志着北京市学习型城市建设工作进入了跨越式发展的新阶段。《北京市学习型城市建设行动计划（2016—2020 年）》实施 10 大工程,具体包括:学习型示范城区建设、市民终身学习示范基地建设、终身学习数字化网络平台建设、学分银行建设、学习型组织培育、创新职工素质提升、新型职业农民培训、老年教育"夕阳圆梦"、家庭教育与家风建设和社区教育指导服务系统建设等方面,体现了学习型城市建设的内涵与要素的关键部署。②同时,《北京市学习型城市建设行动计划（2016—2020 年）》提出,以建设世界一流的国际型城市和率先实现全面小康为目标,在社会经济发展中充分发挥学习型城市功能。2018 年北京市提出"城教融合"方案,体现了教育应全面、深入地与城市各方面发展深度融合,这一发展方案也是北京市在学习与城市融合共生发展方面的生动实践和积极探索。2019 年,随着《北京

---

①　史枫:《从评估到监测:北京学习型城市面向未来的转型与变革》,载《终身教育研究》2020 年第 3 期。

②　《北京市学习型城市建设行动计划（2016—2020 年）》,载中华人民共和国教育部政府门户网,http://www.moe.gov.cn/jyb_xwfb/s6192/s222/moe_1732/201608/t20160818_275587.html。

市关于进一步开展学习型城市建设监测项目工作的通知》发布,全市层面的监测工作全面开展。北京学习型城市建设在"十四五"期间,始终坚持城市发展战略和实现治理现代化目标,提升市民对北京首都的归属感和公民素养,提高市民自身的技能水平和服务城市建设的能力,建设具有全球影响力的高水平学习型城市。

二、北京市学习型城市建设特色

北京市为打造学习之都,将学习型城市建设列入城市建设的规划和设计中,明确目标、基本框架和建设战略,在学习型性城市建设中充分发挥了首都政府主导作用,为所有首都市民提供公平、优质、包容的教育,努力让学习成为每个市民的生活习惯和生活方式,形成了自身的建设特色。

(一)完善顶层设计高位推动

北京在推动学习型城市建设中,在城市发展目标和发展定位中确定学习型城市行动框架,始终坚持政府是学习型城市的规划者、设计者和主导者,以服务全体市民终身学习、生活和发展为指引,不断完善学习软硬件条件,可持续推进学习型城市纵深发展。作为规划者,北京市率先进行学习型城市建设发展战略和总体规划的制定,从建设目标、指导思想、行动框架和具体路径等方面积极完善学习型城市的顶层设计。作为学习型城市具体行动的主导者,北京市政府通过改革学校教育为终身教育奠定基础、大力发展成人教育,继续满足市民学习需求、建立终身学习制度为人才成长搭建立交桥、盘活社会力量与资源丰富市民学习阵地、构建网络化学习服务平台实现泛在可学。在一系列具体举措的高位推动中凸显了北京市"学习"和"创新"两大发展理念,体现了市民将学习作为一种生活方式和行为的首都精神。

(二)坚持科研引领显著赋能

多年来,北京市学习型城市建设坚持科研引领,包括理论研究、政策制定、基层指导和活动组织等,建立了一支具有较高理论水平、高度政治责任感和奉献精神、能够深入一线的专家队伍。[①]一是建立专业的研究机构。2007 年,北京学习型城市研究中心成立;2012—2013 年,成立首都学习型社会研究院、北京市组织学习与城市治理创新研究中心、北京市学习型学校研究中心等专门机构,为北京学习型城市建设研究提供专业指导与专业保障。[②]同时,各区在市级指导下,日益注重科研引领,开展学习型城市建设的实践与理论探索。二是打造一支专业科研队伍。充分整合北京教科院、北京开放大学、首都师范大学等高等学府与研究机构的研究人员以及区域的人才资源,共同推进北京学习型城市建设。

（三）注重国际合作推进交流

不断加强全方位国际合作,高效学习借鉴国际其他城市建设经验,依托多方国际平台推广北京学习型城市建设的实践与经验。[③]例如,2012 年,第一届国际学习型城市大会专家咨询会上北京介绍了学习型城市建设与评估经验做法;2013 年,首届国际学习型城市大会在北京举行,《建设学习型城市北京宣言》发布问世;2015 年,北京市政府副秘书长参加第二届国际学习型城市大会并讲话,北京荣获"学习型城市奖",是中国首个获奖城市;[④]2016 年,全球学习型城市网络第一届成员大会,北京市教委领导出席会议并作主题发言。2017 年和 2019 年,北京市代表团参加

---

①　时龙等:《北京建设学习型城市的理论与实践探索》,载《成人教育》2009年第 9 期。

②　吴亚婕等:《学习让城市更美好:全球 12 座学习型城市的实践》,载《开放学习研究》2016 年第 3 期。

③　殷丙山等:《互联网＋学习型城市建设:北京行动与反思》,载《开放学习研究》2019 年第 1 期。

④　杨树雨:《北京市学习型城市建设实践与发展探讨》,载《北京宣武红旗业余大学学报》2017 年第 1 期。

第三届和第四届国际学习型城市大会,介绍北京经验。可见,积极进行国际交流合作,不仅有利于北京学习型城市建设推进,更提高了北京在国际学习型城市建设中的影响力。

三、北京市学习型城市建设成效

从 1998 年至今,北京学习型城市建设已历时二十多年,始终秉持着服务于城市战略定位和学习之都的建设目标,不断完善终身学习服务体系建设,促进了城市文明建设和区域治理创新,提升了市民素质和城市文明程度。

(一)不断实现教育治理现代化

在努力建设学习型城市的过程中,北京逐步建立与国际卓越城市相适应的党委主要领导—政府发挥主导作用—多部门协调管理—社会力量共同参与—市民个人积极参加的教育治理新格局。成立了由北京市领导牵头,29 个部门负责人共同组织的学习型城市领导小组,下设办公室,探索和建立彼此配合、专家指导、督导监察、项目评估、工作保障、表彰奖励等工作机制。例如,一直以来,北京市在推进学习型城市建设中坚持以评促建,先后酝酿、制定和修订了学习型城区、学习型街(镇)、学习型企业、学习型机关、学习型学校等评估指标,评选出市级各类创建学习型城区、社区、组织先进单位 150 个,区级先进单位 1 200 余个,全市 16个区全部通过了学习型城区创建先进区的评估,其中 7 个区还通过了创建示范区评估,不仅有利于激发各组织活力,更有利于区域特色孵化,增强组织学习力。

(二)持续提升城市的软实力和创新力

学习型城市建设已然成为推动北京"四个中心"和"国际一流和谐宜居之都"建设的重要支撑和关键力量。一是对接首都经济社会发展需求,全面开展社会培训,实现更多更大范围劳动者"长技能 好就业",推进就业创业能力。在全国率先开展"新型职业农民全日制高职学历班",培训700多人,举办农民中专班每年培养1万人,农民培训每年达15万人次;实施"高校引智帮扶"工程,23所市属高校与34个低收入村进行结对帮扶,助力脱贫攻坚和乡村振兴。完善老年教育服务体系,保障老有所学,学习便捷。二是将学习型城市与生态城市建设创新融合,建设绿色生态北京。北京市将学习与生态有机结合,提出生态学习社区建设理念,围绕社区,将绿色、学习、文化等元素融入其中,不断提升市民生态文明素养和学习创新力。同时,不仅社区生态环境与居民学习力的提升,更积极关注市民绿色生态的可持续观念和行为形成,通过打造绿色家庭等方式让学习与绿色渗透到家家户户。

（三）不断完善终身教育与学习服务体系

建设学习型城市事关城市中每一名市民成长和每个单位发展,需要在政府主导下,各级学校、社会组织、社会团体、社区、工商业和广大公民等的积极参与。北京在推进学习型城市建设中,坚持政府主导,鼓励社会力量积极参与,不断完善终身教育和学习服务体系。开放学校资源,特别是大学资源,促进社会与学校的有效对接;整合公共资源,扩大市民学习机会,改善不同人群的学习服务,特别是弱势群体的学习需求;促进各级各类教育横向交流与纵向衔接,构建人才成长立交桥和学习服务网络;不断打造线上学习服务平台,例如北京市学习型城市服务网站,构建网上学习网,为市民提供优质、高效、便捷的学习资源。全市建立首都市民终身学习示范基地99个,市级职工继续教育基地48个,新型职业农民培训基地62个等,终身学习服务基地建设全面铺开。[1]

二十多年来,在经济全球化和知识经济快速发展时代,作为

---

① 史枫等:《北京建设可持续发展学习型城市:行动、模式与展望》,载《开放学习研究》2018年第3期。

首都,为了实现教育现代化和城市发展的美好愿景,北京市在全市社会经济发展规划中将学习型城市建设纳入其中并积极推进,并取得显著成效和特色,全方位提升了北京市民的文化素养,各类新型学习型组织不断产生,营造了崇尚学习、尊重知识的良好氛围。教育现代化背景下,围绕文化强国、教育强国、人才强国的发展新需求,北京学习型城市建设应进一步强化教育治理体系建设,加快推进智慧教育公共服务体系建设,深化组织—城区—城市的监测评估,实现新发展与新变革。

第四节　教育现代化视域下杭州市学习型城市建设概况

学习型城市是城市现代化发展与教育现代化的新方式、新局面、新模式,更是全面建设更高水平小康社会的关键表征。从 20世纪至今,杭州市立足时代特征和城市特色,积极找寻学习型城市建设的方式方法,取得显著成效。2017 年,杭州市获得联合国教科文组织学习型城市奖。作为全球首批、中国首个加入全球学习型城市网络的城市,杭州一直倡导"学习改变命运　知识铸就未来"的理念,重视学习型城市创建,将其作为城市发展的重要组成部分,增强市民"人人学习、终身学习"的意识,着力在全市树立热学与创新氛围。

一、杭州市:以提升市民学习力为核心推进学习型城市建设

随着教育现代化的推进,学习型城市建设逐步实现市民工作学习化、生活学习化和学习、工作、生活一体化的新局面。纵观建设历程,杭州市学习型城市建设紧紧立足城市特色、根植时代特征,大致经历了起步摸索、规范推进和全面深化阶段。

(一)起步摸索阶段(20 世纪 90 年代—2002 年)

无疑,学习型组织建设是实现学习型城市建设的重要组成部分,学习型社区、企业、家庭和机关是学习型组织的基石,杭州市学习型城市建设正是起步于 20 世纪 90 年代学习型社区的创建。1998 年,杭州市将社区教育发展列入市政府和教育部门的重要议程。同时,初步建立了相应的管理机制,即政府统筹领导—教育部门主管—社会力量支持—社区自主发展—市民广泛参与;初步建成两大运行模式,即以管理指导城区社区教育为核心的独立社区学院和以农村社区教育为核心的依托电大的社区学院;初步成立社区教育专业委员会,主要负责学习型组织创建、市民素质提升工程实施及职工教育基地培育等。与此相匹配的,在社区教育资源供给、社区教育经费保障及师资队伍建设等方面也初步明确。简言之,这一时期学习型社区创建工作的开展为后续杭州市学习型城市建设奠定了良好的基础。

(二)规范推进阶段(2002—2010 年)

随着城市的不断发展,杭州市委、市政府提出"以文化软实力提升城市核心竞争力"的城市发展理念,围绕"富民强市,率先基本实现现代化"的奋斗目标,五年构筑起学习型城市的基本框架,十年构建起与率先基本实现现代化同步的学习型城市体系。[①]

2002 年,杭州市《关于构建终身教育体系建设学习型城市的实施意见》出台,这是我国首个关于学习型城市建设的专项政策,也标志着杭州市学习型城市建设进入规范发展阶段。《关于构建终身教育体系建设学习型城市的实施意见》提出,推进杭州市终身教育的发展和学习型城市的形成,打响"学在杭州"的品牌,标志着杭州学习型城市建设之路拉开了序幕。通过终身教育体系构建,形成了覆盖学历教育、职业教育、家庭教育和社区教育等不

---

① 闫彦等:《把杭州建设成为适应时代要求的学习型城市》,载《职业技术教育》2003 年第 16 期。

同类型的终身教育发展局面,极大地增强城市学习氛围,显著提高市民素质,形成了处处有学习场所、时时有学习机会、人人有学习愿望的学习型城市。①之后,建设社区教育网络基地,建立"两级党委政府统筹领导、三级分层管理"的社区教育管理体制和"市社区大学—区(县、市)社区学院—街镇社区学校—社区教学站"的四级网络;市民素质工程建设、职工示范基地、教育超市、读书节、市民英语节等的不断推进与开展,展现了浓厚的学习氛围。杭州通过学习提升市民素质和社会组织活力,提升城市文化软实力,实现学习型城市建设;同时,积极向上的学习氛围进一步激发市民的学习内生力和组织发展驱动力,学习成为杭州市民普遍认同的一种生活和工作态度,一种普遍参与的生活和工作方式。②十多年里,通过杭州市全体市民的共同努力,基本构建了以 3L 为特征的终身教育体系和学习服务平台(生命长度、宽度和深度)和以6W 为特征的学习体系(任何人、任何时间、任何地点、带着主动的学习意愿,通过任何方式获取任何需要的信息)。

(三)全面深化阶段(2011 年至今)

随着 2002 年《关于构建终身教育体系建设学习型城市的实施意见》各项目标的逐步实现,为进一步推进新的历史阶段学习型城市建设,杭州市委、市政府 2011 年颁布的一号文件是《关于推进学习型城市建设若干意见》,这是杭州市第二个推进学习型城市建设的专项文件,从指导思想、发展原则、主要任务、学习内容、活动载体、保障措施等方面对未来十年的学习型城市建设给予明确。同时,文件也对学习型城市建设提出了多项具体要求并

① 《关于杭州市构建终身教育体系建设学习型城市的实施意见》,载杭州市人民政府网,http://www.hangzhou.gov.cn/art/2003/2/25/art_809357_2072.html.

② 曹力铁:《建设学习型党组织是建设学习型城市的核心》,载《杭州(下旬刊)》2010 年第 5 期。

有明确的指标。例如,到 2020 年,新增劳动力平均受教育年限达到十四年以上,全市人才总量达到 250 万左右;全市从业人员职前培训率达到 90％以上,60％以上的从业人员接受继续教育更新知识、提高技能,60％以上的居民接受社会文化生活教育;全市学习型党组织和学习型学校达到 100％,学习型企事业单位和学习型家庭达到 70％以上。[①]这一时期,杭州市成立了学习型城市建设工作指导委员会,构建了学习型城市建设新格局。为了进一步营造浓厚的舆论氛围和积极向上的学习型氛围,杭州市注重资源整合,利用纸媒和网络平台,构建立体化、全方位的传播平台,提升杭州市学习型城市建设的辐射面和影响力。同时,关注学习典型案例,积极开展"感动杭州——寻找我们身边的先进典型"等各类活动,发挥榜样示范影响,让学习成为城市最亮的底色;关注载体创新,开展学习节,推出运河学习长廊、国学传承点等将学习型城市建设落在实处,落在市民的身边。

二、杭州市学习型城市建设特色

经过二十多年的不断努力,杭州市终身学习的理念深入人心,市民将学习作为一种生活方式,各类学习类型纷至沓来,学习型组织不断涌现,终身教育基地遍布杭州市各城乡,形成了富有特色的学习城市。

(一)发挥政府主导作用开展科学规划

一是政府是学习型城市建设的主导者和规划者。长期以来,杭州市委、市政府坚持以"科教兴市"战略和"学在杭州"品牌引领创建学习型城市;以"和谐创业"理念、"创业在杭州"等载体推进学习型城市的创建。创建学习型城市要与杭州和谐社会建设相

---

① 《杭州市人民政府关于推进学习型城市建设的若干意见》,载中共杭州市委网,http://www.hsyz.cn/article/detail/idhsyz_1798.htm。

融合、与杭州发展战略相协调、与经济社会发展相适应,注重特色培育,突出品牌创建,使之具有旺盛的生命力,提升杭州的城市软实力。二是加强政府对学习型城市创建的主导和决策。提出科教兴市、人才强市战略,把教育摆在优先发展的位置,出台学习型城市建设专项文件,积极推进名校集团化战略,努力扩大优质教育资源的覆盖面,让更多人接受更好的教育。积极建设社区教育基地和社区教育办学网络,满足市民学习需求,为市民美好生活奠定基础。三是完善组织架构体系,增强政府在学习型城市创建中的执行力。杭州市实行两级政府、三级管理,即杭州市和区县政府统筹领导,制定规划;区组建社区教育委员会,街道、社区建立了相应的组织机构,初步形成了政府推动、部门协作、市场运作、市民参与的学习型城市建设运行机制。①同时,在杭州市委、市政府的引导和推动下,多部门、广参与,实现最大化整合开放公共资源,精准匹配市民学习需求,提高学习型城市建设的服务能级。书店、图书馆、体育馆、科技博物馆、企事业单位教学场所等设施无条件向社会与市民开放。②

(二)运用城市优势开发本土学习资源

杭州市之所以能成功创建学习型城市,是因为充分依靠城市的文化资源优势。杭州市就其城市特征而言,是历史、文化和自然景观相得益彰的综合性城市,是七大古都之一、是鱼米之乡、是文化之邦,更是智慧之城、幸福之城和魅力之城。因此,杭州市政府努力挖掘和梳理有杭州烙印的本土文化资源,开发系列学习资源。例如,杭州市悦学体验点开展悦学体验点评选活动,建立了一批批悦学体验点;基于网络教育平台、电视台等架构资源丰富

---

① 叶明:《努力建设学习型城市》,载《思想政治工作研究》2005 年第 9 期。
② 肖锋:《杭州社区教育发展报告(1989—2009)》,浙江科学技术出版社 2009 年版。

的远程教育体系。例如,从 2007 年开始,杭州连续十多年开展"西湖读书节"活动;自 2008 年以来,在全国率先启动青少年"第二课堂"行动计划。像这样的全民学习活动,如今在杭州已遍地开花。全民终身学习活动周、杭州学习节、悦学体验点建立、河畔书屋、十大学习港等富有杭州特色的学习活动,为市民提供了丰富的学习体验,也受到了市民的热烈追捧。[①]

（三）以学习提升城市品质和市民幸福感

杭州市曾获得联合国人居奖、获评中国最具安全感城市、中国十大最具经济活力城市,更是连续多年被评为中国最具幸福感城市并多次夺冠,而这些荣誉的获得依赖于背后杭州市学习型城市建设的精神支撑。在学习型城市建设中,杭州市重视扶持弱势群体的学习,为待业人员提供学习机会使得其获得就业工作机会,为弱势群体提供免费的无线接入途径和免费的学习资源,为外来务工人员子女提供入学机会,为贫困学生提供学习自主,为大学生提供丰富的就业创业岗位等,让城市富有温情,更让市民富有学习力和对城市的归宿认同感。

三、杭州市学习型城市建设成效

一直以来,杭州市坚持教育为社会主义现代化建设服务,在推进学习型城市建设中,不仅促进市民文化素养提升,更实现城市软实力提升,取得了显著的成效。

（一）增强市民对城市的认同感

从 2009 年至今,杭州市一直以来针对劳动年龄阶段的常住人口开展包含职业资格证和文化学历证的"成人双证制"学历教育,费用政府买单,这不仅体现了杭州市对弱势群体的关注,更是

---

① 杭州文明网:《杭州不断推进学习型城市建设》,载杭州文明网 2016 年 11 月 15 日,http://zjhz.wenming.cn/tt/201611/t20161115_2936858.shtml。

低学历成人群体的福音,在技能与素养提升基础上更实现了生活水平与生存状态的改善。尤其是进城务工人员、失地农民、低学历市民等弱势群体,他们通过"双证制"获得了一技之长,提升了个人就业能力,进而增多了就业机会。在接受教育的同时,结交了朋友,获得了交流的平台,带动了社区文明新风,提升了对杭州的适应能力,对城市有了更强的归属感和认同感。

(二)促进文化繁荣提高软实力

在学习型城市建设历程中,杭州市不断挖掘、开发和培育各类学习项目与学习活动,深受市民欢迎,不仅促进了城市文明建设,更以活动促进社区和谐和社会发展。一是打造线上学习型城市网络学习的主平台"学在杭州网",为市民提供各类学习资源,建立学习素材库,为居民提供一站式视频学习服务,在疫情特殊时期,满足居民宅家学习需求,推动学习型城市建设。在此基础上,杭州市各区自身研发的线上学习平台"享学网""e学网""一键通"等不断涌现,更为居民提供精准性学习供给。二是不断产生丰富多彩的线下学习活动。为了最大范围满足不同年龄、不同文化水平和不同职业的居民群体学习需求,基于教育超市、读书会、学习园地等开展了老百姓喜爱的可持续的学习项目。例如,钱塘论坛、西湖读书节、学习港、运河学习长廊、成长大讲堂等,将讲座与体验融合,将学习与活动融合,将专业与通俗融合,将教学与趣味融合,不仅激发市民学习热情,更让老百姓在学习中体会成就感与城市幸福感。

(三)不断优化与提升学习质量

杭州市多措并举,改变市民传统观念,让学习成为市民生活工作的重要方面,营造积极向上的学习氛围。在学习阵地上,杭州市所有街镇社区学校覆盖率达到100%,2 759个行政村的村民学校覆盖率也达到100%,保障市民能够随时随地参与学习。

在学习支持上,实现工作与学习的一体化,学习意识普及化、学习行为终身化、学习组织系统化的企事业单位的学习模式;同时,积极向失业青年和成人提供适需的培训机会,实现再就业。在学习环境营造上,努力通过丰富学习内容、创新学习形式,创造友好的学习环境,例如实行弹性学习制度,建立个人学习账户,保障个人终身学习的信息储存、管理、互认与衔接。在学习型城市建设文件出台基础上,发布《关于依法〈杭州市学习型城市建设责任分工〉的通知》,明确各相关单位部门的职责,及时了解学习型城市建设情况,最终实现学习质量的提升。

学习型城市建设不仅有利于满足市民对美好生活的向往,更有利于城市可持续发展。杭州市多年来坚持内动力、外推力和带动力的"三力共推",系统扎实地推进学习型城市建设。未来,杭州市在学习型城市建设中将始终坚持政府主导地位,广泛发挥社会力量;关注学习型组织和共同体建设;将学习型城市建设与文化传承、经济社会发展与智慧城市建设深度融合,从而为实现历史文化名城、创新活力之城和东方品质之城提供动力与智力支持。

第五节　教育现代化视域下成都市学习型城市建设概况

作为四川省会城市,成都因文化而立,为学习型城市建设奠定了深厚的文化基因。在城市发展中,成都以"世界之城、大美之城、幸福之城"为发展理念,在新的历史方位下,努力建成西部地区重要的经济中心、科技中心、文创中心、对外交往中心和对外交通枢纽,以及高度国际化的大都市。2019 年 1 月 31 日,UIL 官网发布,成都获得 2019 年"联合国教科文组织学习型城市奖",这是继北京和杭州后,我国获此项殊荣的第三个城市。加强学习型城市建设,倡导全民阅读,建设书香成都,进一步实现城市现代化和教育现代化。

一、成都市：以努力建设中西部学习型城市典范推进城市建设

《成都教育现代化 2035》提出，要建设高水平国际学习型城市的战略目标。长期以来，成都市为建设覆盖城乡、吸纳全民、纵向衔接、横向沟通、内外协调和整体优化的终身教育体系，全面开展学习型城市建设。成都以提升城市整体竞争力为目标，以建设世界名城为抓手，确立学习型城市的实施路径与策略，以教育均衡发展为支撑，更好地服务地方经济建设，促进社会和谐发展，满足公民需求，提升全民素质。

（一）构建办学体系阶段（2009—2012 年）

2009 年，依托成都广播电视大学，成都市成立"成都社区大学"，最广泛服务成都市各类产业、各类行业和基层人才需求、市民终身学习需求和学习型城市建设，促进学历教育、职业培训、社区教育、老年教育等各类多元办学，推动市民终身学习教育体系的完善。①为加快建设步伐，逐步建立了市社区大学—区（市）县社区学院—街镇社区学校—村（居）社区教育工作站的四级办学架构和办学体系，从而满足市民日益增长的学习需求和城市建设发展需求。《成都市中长期教育改革和发展规划纲要（2010—2020年）》提出，在积极实施多种形式学习培训的同时，要在进一步推进学习型城区创建工作上下功夫。促进学习资源为市民服务更加优质高效。鼓励建立覆盖城乡、推动学习型城市建设的数字化终身学习服务平台，根据市民学习需求，由学校和培训机构开设相应专业和课程。并创新学习激励机制，实行弹性学习制度，为更好地为市民服务，提供优质有效的学习资源。增加公众接受教

_____

① 徐文清：《新时代成人高校推进学习型社会建设的路径研究》，载《职教论坛》2019 年第 10 期。

育培训的概率。①2012 年,为了实现市民学习管理进一步规范化,成都市教育局专门成立市级社区教育工作推进小组,负责对全市社区教育发展的全局领导和规划部署,成立科研和资源中心、新闻宣传中心、人力和培训中心、项目和活动中心、网络和信息技术中心等 5 个工作中心,服务内容涉及社区教育各方面。简言之,成都市依托纵向的办学体系和横向的五大中心保障了市民的学习需求最大范围得到满足和学习型城市建设最深入地开展。

(二)完善政策支持阶段(2013—2015 年)

2013 年,成都市政府颁发的《成都市统筹城乡教育综合改革实验区第二阶段总体方案(2013—2017 年)》中提到,为建设创新型城市、学习型城市、开放型区域中心和国际化城市,推进区域教育均衡化、现代化、国际化。打造西部经济核心增长极,为助推成都"五大兴市战略"提供强有力的人才支撑和智力服务。在完善"四大体系"建设中,《成都市统筹城乡教育综合改革实验区第二阶段总体方案(2013—2017 年)》将"构建和完善覆盖城乡、吸纳全民的区域终身教育体系"作为四大体系之一,其中提到要为建设学习型城市、健全现代化终身教育制度服务。加强终身学习公共服务平台建设及数字化学习资源建设。形成覆盖城乡的社区教育网络体系和工作者队伍。加强课程设置和课堂建设,在社区广泛开展形式多样的教育活动和全民学习活动。加快各类学习型组织建设。建立健全促进不同类型教育衔接沟通的学分积累转换制度,为人才成长架起一座"立交桥",推动市民"学分银行"建设。这一方案的实施,从政策上给予成都市创建学习型城区有力

---

① 《成都市中长期教育改革和发展规划纲要(2010—2020 年)》,载成都市委、市政府网,https://www.sc.gov.cn/10462/10464/10465/10595/2011/4/19/10158312.shtml。

支持。2015年,《成都市关于推进学习型城市建设的意见》专门性文件出台。围绕着学习型城市建设的社会认同、建设架构、建设内涵、建设基础、建设细胞、建设载体、建立力量等方面,提出了七大任务:践行社会主义核心价值观、构建终身学习服务体系、推进城乡社区教育、加强人才资源开发、发展学习型组织、推进终身教育互联网＋和统筹社会学习资源等方面,这就基本勾画出了成都市学习型城市建设的框架蓝图。

(三)引领中西部建设阶段(2016年至今)

在教育现代化发展背景下,成都市加快学习型城市建设步伐,2016年成都正式加入经合组织"学习型城市网络",提升成都市在国际学习型城市推进工作中的影响力。正如《成都市教育事业发展"十三五"规划》中提到的,到2020年,在中西部率先实现教育现代化,基本实现学习型社会建设走在前列,教育发展追赶世界先进水平,建成与国家中心城市相匹配的一流教育。[①]健全政府主导、部门协同、多方参与的学习型城市建设工作机制,形成人人皆学、处处能学、时时可学的终身学习服务体系。为了建设富有中西部特色的学习型城市,成都市从2016年开始每年开展学习型城市建设专题培训,提升教育管理人员建设学习型城市水平。2017年,《成都市社区教育促进条例》地方性社区教育法规在全国率先颁布实施。《成都市学习型城市建设提升行动计划(2019—2022年)》涵盖了八大行动,包括学习型城区建设计划、社区教育品质提升计划、"旅道·品学"系列教育计划、职场教育素质提升计划、家庭教育普惠推广计划、市民数字化学习提升计划等,打造出中西部学习型城市建设的典范城市,终身教育氛围浓

---

① 《成都市教育事业发展"十三五"规划》,载成都市教育局网,http://edu. chengdu. gov. cn/cdedu/c116759/2016-12/29/content _ 746559ad9dde4fdc89e9113feba-48484.shtml。

厚,形成了很强的凝聚力和发展活力,到 2022 年,建成具有成都特色的学习型城市。"学习让城市更美好,学习让生活更美好"成为全市人民共同追求的目标。2023 年成都市政府工作报告中提出,统筹推进继续教育、社区教育、老年教育、特殊教育等,建设全民终身学习的学习型城市。可见,学习型城市建设是成都市一直以来的重要工作。

二、成都市学习型城市建设特色

成都市在推进学习型城市建设中努力创新市民学习手段,营造学习环境,在学校、社区和工作场所激活各类学习行为,构建"人人皆学、时时可学、处处能学"的终身教育服务体系,形成了富有特色的建设路径。

(一)不断优化机制体制

成都市建立和完善学习型城市建设制度机制,建立联席会议制度、全市学习型城市建设体制机制,形成了部门联动、多元参与、共建共享的新格局和覆盖全市所有单位、部门,服务全民的终身教育体系。截至 2019 年,建成以 1 所市级社区大学为龙头,以20 个区(市)县级社区教育学院为主体,以 318 所街镇社区学校为骨干,以 3 138 个村(居)教育工作站为基础和 1 280 所中小学校资源开放为辅助的全市社区教育服务体系。①同时,成都以社区为载体,以社区教育为重要抓手,广泛开展城乡社区教育,积极推进供给侧改革,持续联合社区家庭,不断地提高教育供给能力,提高全民的学习力,促进学习型城市的发展。目前,成都已建立了五级社区教育学习体系和成都市终身学习服务平台,年参与量达到300 万人次。成都市通过先后出台一系列文件,架构起建设学习

---

① 邓翔沣:《成都荣膺 2019 年联合国教科文组织学习型城市奖》,载川观新闻网 2019 年 2 月 1 日,https://cbgc.scol.com.cn/city/117475。

型城市的制度框架和制度保障。成都从 2013 年起着手推进社区教育立法,深入开展调研,广泛征求意见,反复修订条文,制定了《成都市社区教育促进条例》,为成都市社区教育提供了有力的保障。开展学习型城市建设和学习型组织建设的评估,建立评估标准与体系,将学习型城市建设作为市委、市政府的重点民生工作,作为各级政府年度工作的重要考核内容。

（二）不断创新活动载体

为了满足市民旺盛的学习需求,成都市扎实推进各类学习载体、学习平台和学习资源建设。第一,依托"金沙讲坛""道德讲堂""最成都·市民课堂"为阵地,打造市民大讲堂,开展市民修身专题培训和极具成都特色的市民公共素养提升课程,增强市民自我教育、自我管理、自我服务的能力,提升市民对成都的归属感和幸福感。第二,大力培育各类游学项目,例如天府绿道、都江堰水文化、锦江川剧、武侯三国文化、郫都川菜文化、邛崃红色革命等项目让成都市民加深对城市的认知,加深对城市的认同。[①]第三,成功打造"1 库 N 网"成都终身学习教育资源公共服务平台。建成国家级社区教育示范区 6 个、实验区 3 个,数字化学习先行区 6 个,数字化学习实验基地 6 个,社区学校 161 所,示范工作站 399 个。成都书店数量达 3 463 家,继北京之后居全国第二位。[②]从 2007 年起,连续五年,全市总共评选出学习型社区 304 个,学习型示范社区 51 个,学习型家庭 194 户,有效激发市民终身学习的热情和学习型组织建设。

---

① 陈乃林:《国际视野下学习型城市建设的中国特色探析——以中国四个国际获奖的学习型城市为样本》,载《广州城市职业学院学报》2022 年第 5 期。

② 《成都市获 2019 年联合国教科文组织学习型城市奖》,载中华人民共和国教育部政府门户网,http://www.moe.gov.cn/jyb_xwfb/gzdt_gzdt/s5987/201902/t20190225_371023.html。

（三）持续构建阅读平台

一是构建全民阅读活动平台。整合全市700余家实体书店、2 500余个出版物发行网点、22个公共图书馆、4 000余家农家（社区）书屋，全市大中小学校、街道社区文化活动中心等各方力量，构建了遍布城乡的全民阅读活动平台。二是构建全民阅读资源平台。整合出版单位、数字阅读机构、数字资源阅读平台，构建全民阅读资源大数据平台。三是构建全民阅读推广平台。完善政府带动、公共阅读场馆主战、阅读协会参与、民间专业机构补充的阅读推广机制，面向全社会、各行业，建立阅读推广体系，提倡全民阅读志愿者服务，培育社会阅读推广人，并鼓励社会精英成为阅读推广大使。整合报刊、广播电视、新闻网站、新闻客户端、微博、微信等新兴媒体，构建全民阅读全媒体平台，推出"书香成都·蓉城书话""书香成都·阅动听"等栏目。

三、成都市学习型城市建设成效

十年来，成都市形成运行良好的学习型城市建设工作机制、高质量的终身学习服务体系、全面覆盖城乡的工作格局以及浓厚的全民终身学习氛围，使学习成为市民生活的新常态，取得了明显的成效。

（一）提高城市文明和治理水平

2014年，成都市提出以"社区善学促进社区善治"发展理念，强调以社区教育为抓手，推动社区建设与治理工作深入开展。近年来，成都持续开拓以"善学"促"善治"内涵，他们构建了全民共享的学习服务体系，通过建立全方位、系统性的政策保障体系，创新社区教育多元载体，推动多元共治。①成都学习型城市建设紧紧立足于区域经济社会发展，基于"三圈"的市域划分，充分发挥学

---

① 陈乃林:《国际视野下学习型城市建设的中国特色探析——以中国四个国际获奖的学习型城市为样本》，载《广州城市职业学院学报》2022年第5期。

习型城市建设对城市文明和社会发展的作用。在一圈层，着眼服务市民终身学习，提升生活治理，大力推进学习型组织纵深发展；在二圈层，着眼服务城乡统筹，大力开展新市民教育，以新市民思想观念的转变为抓手，让新市民尽快融入城市生活和促进自身发展，促进社会和谐；在三圈层，着眼社会发展和教育公平，紧紧围绕新型农业和新农村建设，大力开展乡村社区教育，丰富居民的业余文化生活，提高居民生存能力和经济收入。简言之，学习型城市建设赋能成都市创造能力、社会活力和综合实力的提升，为成都可持续发展提供不竭动力。

（二）实现学习型组织纵深发展

成都市在推进学习型城市建设中紧紧抓住学习型组织建设，鼓励全员参与，全面发展。一是在学习型组织建设中努力在机关、企业、事业单位、社区、街镇中组织员工学习，不断形成规范的学习组织；同时，注重家庭中学习氛围的营造，推进学习型家庭建设，树立学习型组织典型与范本，学习型城市在学习型组织建设中得到实现。二是构建学习型组织底座支撑体系，学习型组织中参与人群和数量不断增多，阵地纵深发展和丰富多元，努力实现市民人人参与学习型城市建设的目标。三是建立学习型组织建设激励机制。①通过创建学习型组织、争做知识型技能型职工等活动，评选先进单位和个人，推进企业、系统和事业单位建设；通过学习型社区和学习型家庭评选活动，营造积极向上、全民乐学的成都风貌。

（三）形成系列特色化品牌项目

在成都市学习型城市建设的过程中，逐渐涌现出了一大批受市民喜爱的活动项目和特色品牌。例如，2013年起开展的"市民

---

① 李洁等：《关注城市社区发展构建学习型社区》，载《成人教育》2003年第12期。

游学"项目,打破传统的枯燥乏味的教育形式,将终身学习的理念植入市民的休闲游玩之中,寓教于乐,让市民在游玩中体验、在体验中学习,充分感受到"游"与"学"的无尽乐趣;也进一步丰富了终身教育活动形式,创新社区教育工作模式,开辟了终身教育反哺地方经济的新路径。"生态菜园"项目依托市、区级实验中心,街道、社区、学校实验基地,以及家庭和院落试验点,通过线上线下进行活动开展和业务培训,为家庭、社会植入更多的学习氛围和绿色园地。"最成都·市民课堂"凭借最具成都特色、最受百姓欢迎、最能体现主流文化倡导的项目理念和特色内容,通过2 000多门精心设计的课程吸引了300多万人次的参与。"社区雏鹰"是由成都市和各区县教育局牵头,市社区大学统筹协调,社区教育学院(学校)组织管理,社区教育工作站具体设计并实施的社区公益项目。此项目有效整合各级各类教育资源、充分发挥社区教育服务青少年校外教育的作用,得到了22个区县教育主管部门和相关行业的积极支持,吸引各高校、专业教育机构和社会团体的参与,充分发挥专业技术人才、民间达人、高校师生、社区教育志愿者的作用,在暑假为全市域中小学生提供高质量、高水平的公益教育和培训实践。

在推进学习型城市建设中,成都市建立了较为完善的终身教育与终身学习服务体系,为成都市民实现终身教育与终身学习的意愿提供继续教育的机会,然而,市民的终身教育与终身学习意识较弱、社会力量参与较少,为了学习型城市高质量发展,成都市要着眼长效,完善目标激励机制,多方合力、形成全民参与格局。

第六节 教育现代化视域下学习型城市建设的反思

学习型城市的构建其实不是一个简单的认知问题,也不是一个纯理论问题,它涉及整个教育制度的建设与完善以及全体公民学习权保障的实现问题。就我国而言,从终身教育理念的导入到学习型城市建设的实践推动仅有短短的二三十年时间,但通过政府的大力推进,目前已经取得了显著的成效并形成了本土特色,不过也遇到了发展困境。

一、学习目标尚未摆脱功利化追求

无疑,对于城市而言,大力提倡与推进学习型城市建设,其目标主要包括:一是提升城市影响力,提高城市知名度与居民对城市的认可度;二是解决就业压力,为下岗再就业提供机会;三是为了社会政治经济发展的需要。如果过度强调学习为个体及社会带来的经济价值,弱化学习对个体发展、人格完善的作用,就会忽视学习所创设的社会文化氛围,以及对整体国民素质提高的精神价值,长此以往,学习型城市建设难免会走入价值误导的歧途。

二、运行机制尚未健全与完善

显然,推动学习型城市建设,作为公权力的政府发挥主导作用非常重要。因为政府可以在宏观层面通过顶层设计、政策指导、财政拨款,以及中观层面的规划制定、运行方向的把握和微观层面的学习内容、评估标准的设定等进行自上而下的统一部署。简言之,这是一种层级分明的结构,其最顶端是居于决策地位的政府,中间则是充当执行角色的相关机构,如学校、社区、企事业单位等,最底层的是直接参与学习的市民。在这一机制中,政府的作用可谓无处不在。不可否认,这一构建模式在学习型城市建设的初期具有重要作用,因为其在一定程度上能够调动单位和个体的积极性,并具有较强的号召力。但由于这一模式是在政府的直接控制与推动下进行的,其弊端亦显而易见。如个体与单位处于被动状态,而缺乏广大民众的积极参与,学习型城市的建设也只能成为一句空话。因此,在政府宏观统筹的同时,如何做到将教育的主动权交到每个个人手中,充分发挥他们的学习自主性,并积极主动地为学习型城市建设出谋划策,是保证学习型城市成功建设的重要因素与条件。换言之,完善运行机制,不仅需要政府"放权",同样还需要作为学习主体居民的主动参与。学习是由个体内在需求引发的一种外在行为,是个体自我发展与自我能力提高的手段。因此,提高市民个体学习参与的自觉性,增强学习需要的内在动力并通过政府政策的引导、立法的保障及学习条件的提供来予以支持,无疑非常重要。

三、技术水平尚未达到保障现代化学习的要求

学习型城市的建设既能有效提高现代信息技术水平,也需要发达的大众传媒与信息技术的支持。资讯技术的使用,可以打破学习时间和空间的障碍,突破学习的年龄限制,从而满足不同群体的学习需求。如普通学习者可以通过风靡网络的中国大学MOOC、国家智慧教育公共服务平台、空中课堂等各类线上学习平台,根据兴趣选择不同专业的视频进行学习,这种方法正体现了终身学习的自主和自助特征,也即与专家学者实现跨时空交流的同时,获得具有个性化意义的指导。但就目前的中国现状而言,部分地区信息技术设备缺乏,居民的信息化素养尚待提高,无法甄别适合本人需要的学习内容,进而高效率的自主学习也就难以开展。城市居民的文化水平虽然相对较高,但也面临大量老年人口网络知识欠缺、流动人口缺乏硬件设备支持无法保证其正常学习等障碍。故此,在智慧城市发展背景下,进一步提高居民信息化水平,普及移动终端使用,为居民提供基本的资讯技术手段,已成为学习型城市建设的基本要求。

四、缺乏必要的法律制度与保障举措

立法保障,是学习型城市建设的根本立足点,是加强学习型

城市治理能力建设的重要动力。学习化社会的重要特征之一,是政府通过制定政策来确立良好的社会运行机制,以推动学习权和发展权作为基本人权的一部分而受到法律的保障。学习型社会是一个提倡由社会提供充足和公平的教育机会和学习条件的社会。虽然 20 世纪 80 年代我国就已展开对个体学习权利的探讨,但直到 1995 年《中华人民共和国教育法》的正式颁布才确立了终身教育在教育体系中的地位与作用。进入新世纪后,教育部公布了《教育事业"十五"规划和 2015 年发展规划》,第一次明确提出研究起草推进终身学习的法律法规。仅有八个省市出台了终身教育条例或单行地方教育法规,但是,迄今国家层面的《终身教育法》仍处于空白。国家终身教育立法止步不前,反映了我国在终身教育实践领域难以通过立法宗旨深入推进学习型社会的困顿局面。同时,学校教育与社会、社区之间尚存在一定壁垒,各部门、企事业单位及社会组织机构力量之间的联动性有待加强,导致实践中教育管理、教育评价以及教育服务过程中阻碍重重,难以保证学习资源的充分整合、服务优质有效地输送至学习者。以上问题的解决,根本在于国家立法的实施与保障。

本章小结

　　教育现代化视域下,从国家层面到各个城市都致力于学习型城市建设,呈现出百花齐放的良好局面;从理论层面到实践探索,我国学习型城市建设从最初的摸索阶段逐渐发展到快速高质量阶段。本章共包括六节内容,撰写逻辑是在分析学习型城市建设阶段基础上,分析学习型城市建设的特点和所取得的成效。第一节,首先是对国家层面学习型城市建设的概况进行总体分析;接着,第二至五节是以上海、北京、杭州、成都四个城市为例,聚焦不同城市的学习型城市建设举措和实践经验进行分析;第六节,在学习型建设概况分析基础上,结合教育现代化发展的新要求与新理念,反思建设中的问题并提出可实施建议。

一直以来,我国在推进教育现代化建设的进程中高度重视学习型城市建设,坚持政府主导、顶层设计、总体规划和确定行动,经历了建设酝酿阶段、全面建设阶段和快速推进阶段。同时,在建设发展中呈现了形成党委领导、政府为主导,社会共同参与的良好格局,不断完善构建终身教育服务体系,依托网络大力建设智慧型学习服务平台,因地制宜、以人为本努力形成建设特色的基本特征。具体而言,我国政府将学习型城市这一建设目标列入城市国民经济和社会发展规划,成立多部门共同参与的推进学习型城市建设工作领导小组等管理机制,制定专项建设政策,更是从人力、经费等各方面给予保障。同时,构建开放、多元、灵活的继续教育平台,完善衔接融通的记录学习经历、权威认证和累计学习成果的机制方式,挖掘优质、高效、便捷的终身教育资源,完善覆盖全人群的终身教育服务体系。此外,通过建立终身学习数字化服务平台、建设智慧型的终身教育学校网络、开发集聚大量的数字化网络学习资源和建立以大数据为基础的终身学习分析系统为学习型城市建设大家智慧型服务学习平台。最后,重在人民群众的获得感、幸福感和满意度,根本目的在于实现市民富有个性而全面地发展,这是检验学习型城市建设的根本标准,更是学习型城市富有特色建设的出发点与归宿。

上海率先在全国启动学习型城市建设,经历了三个阶段:开始探索阶段、全面推进阶段和快速发展阶段,积极创新学习方式,完善学习服务,注重每一个市民富有个性而全面的学习需求、发挥信息技术引领学习型城市建设和展现成熟的学习型城市建设体制机制。因而,在建设成效上形成富有创新与活力的学习文

化、构建多维立体的终身学习服务空间和建成富有现代化的教育
新形态。北京作为建设最早的城市,在努力创建学习型城市的历
程中,度过了初步探索阶段、全面推进阶段和跨越式发展阶段,在
学习型城市建设中不断推进教育现代化,实现教育发展达到全球
前列,形成了首都学习型城市建设的模式和特色。北京市在推进
学习型城市建设中逐步形成了自身的建设特色,包括做好顶层设
计高位推动、科研引领作用更加显著、国际交流与合作日益活跃;
同时,也取得了明显的建设成效,不断实现教育治理现代化、持续
提升城市的软实力与创新力和不断完善终身教育与学习服务体
系。从 20 世纪至今,杭州立足时代特征和城市特色,积极找寻学
习型城市建设的方式方法,大致经历了起步摸索、规范推进和全
面深化阶段。经过二十多年的不断努力,充分发挥政府的主导作
用开展科学规划、运用城市优势开发本土文化学习资源和以学习
提升城市品质和市民幸福感,终身教育基地遍布杭州市各城乡,
形成了富有特色的学习城市。实现个人能力和素养提升、增强市
民对城市的认同,促进城市文化繁荣与增强城市软实力和不断优
化与提升学习质量,发展取得显著成效。成都从构建办学体系、
不断完善政策支持到引领中西部建设,学习型城市建设日益加
快,表现出了不断完善和优化机制体制、不断创新学习型城市建
设活动载体、持续构建阅读四大平台激发学习热情的建设特征,
形成了富有特色的建设路径。同时,成都市学习型城市建设在十
几年的发展中,促进城市文明和城市软实力提升、实现学习型组
织建设纵深发展和形成系列深受市民欢迎的学习项目,建设的成
效非常明显。

　　本章第六节对我国学习型城市建设进行反思,发现随着教育
现代化的不断推进,学习型城市建设瓶颈问题也不断显现:学习
目标尚未摆脱功利化追求、运行机制尚未健全与完善、技术水平

尚未达到保障现代化学习的要求、建设缺乏必要的法律制度与保障举措等。基于此,为了凸显教育现代化的包容、共享等理念,建立健全具有中国特色、时代特征的学习型城市,本章提出要关注广泛效益,有目的、有步骤、有规划地逐步推进;要发挥制度优势,以人为本、整合力量;要构建多方协调机制,确保学习型城市建设的可持续性发展;要实现均衡发展,实施区域联动共同推进学习型城市建设。

第五章 教育现代化视域下学习型城市
建设评价与监测的国内理论与实践

    学习型城市建设的进程不断加快,为有效关注学习型城市建设质量与建设成效,2017年,教育部职成司就发布了关于开展学习型城市建设监测项目实践的通知,并委托中国成人教育协会在北京、上海、杭州等八个城市开展学习型城市建设监测,探索学习型城市建设的具体情况,科学衡量学习型城市建设的进程、质量和水平。①在此基础上对我国学习型城市建设监测的相关理论与实践进行研究,能够深度分析学习型城市建设监测的理论内涵与现实发展情况,为进一步引导和推动各地开展学习型城市建设与监测工作提供参考与借鉴,为推动教育现代化发展创造动力源泉。

第一节 学习型城市建设监测的意义

    监测是检验学习型城市建设情况的重要方式,是评估城市治

---

    ① 《教育部职成司关于开展学习型城市建设监测项目实践的通知》,载中国成人教育协会网,https://www.caea.org.cn/newsinfo/1839346.html。

理能力,诊断城市治理问题的重要措施,学习型城市建设监测的发展与完善,对于推动城市的可持续发展具有重要意义。

一、健全服务全民终身学习的现代化教育体系

现代化教育体系建立在终身学习理念的基础之上,强调以个人的终身发展、全面发展为宗旨,通过终身学习、终身教育和学习社会的建构来满足每一个公民在其一生的发展各个阶段中所需要的各种教育需要与支持。①现代化教育体系主要特征是终身性,学习资源优化配置以及个体全面自由发展。②学习型城市的建设是构建现代化教育体系不可缺少的部分,随着学习型城市中的政策机制、学习资源和学习模式不断发展和创新,及时对学习型城市建设的各项成果的各个方面进行监测,有利于发现其发展的困境,及时进行调整,确保教育的全民性、终身性。

学习型城市监测可以帮助政府和相关教育机构了解全民终身学习的实际需求和资源分布情况。通过全面的评估与评价,能够更加科学地优化教育资源的配置与规划,确保全民终身学习的覆盖范围和质量,使教育资源更加高效地服务于广大市民。学习型城市监测为各类教育机构提供数据支持,推动教育体系协同发展。不同层级、不同类型的教育机构可以通过监测结果进行经验交流,共同探讨解决问题的办法,形成优势互补,构建全民终身学习的教育体系。持续评估终身学习的教育质量和服务效果。通过对学习者的学习成果、学习满意度、学习效果等数据进行分析,及时发现问题并进行改进,保障全民终身学习的质量和有效性。对学习型城市进行监测获得的数据有助于推动教育服务的个性化与智能化发展。通过对学习者学习行为和学习偏好的数据分

---

①②　吴遵民:《服务于全民终身学习的现代化教育体系构建的研究与思考》,载《北京宣武红旗业余大学学报》2020 年第 1 期。

析,教育机构可以为每位学习者提供个性化的学习建议和课程推荐,提高学习效果和满意度。最后,学习型城市监测为政府制定和改进相关教育政策提供重要依据。监测数据可以及时反馈政策执行情况和效果,有助于政府对教育政策进行科学调整和优化,推动全民终身学习现代化教育体系的不断完善。

因此,学习型城市监测对于健全服务全民终身学习现代化教育体系具有重要的作用。通过持续地监测与数据支撑,可以优化资源配置、促进教育体系协同发展,确保教育质量与服务效果,推动个性化与智能化教育服务发展,促进学习型城市建设成果共享,为政策制定与改进提供科学依据,从而全面推动全民终身学习现代化教育体系的建设与提升。

二、推动学习型城市建设质量与建设水平提升

建设高质量的学习型城市,提升学习型城市建设的水平,是世界各国不断的追求和战略,在学习型城市建设中处于主体地位的是各类学习者,学习型城市建设的核心理念是以人为本。[①]高质量的学习型城市建设来源于各类学习者学习满意度和相应的社会效益。而通过持续的监测与评估,可以发现问题、优化措施、推动城市进行学习型转型,实现城市建设的持续优化和协同发展。

学习型城市建设监测有助于全面了解学习型城市建设的现状和实际情况。通过对城市的学习资源、学习活动、学习氛围、学习支持等方面进行评估,可以发现城市建设中的优势和不足,为进一步优化城市建设提供依据。监测过程中,可能会发现学习型城市建设中存在的问题和瓶颈,比如学习资源不足、学习活动缺

---

① 程豪等:《反思与突破:学习型城市建设的高质量发展》,载《开放教育研究》2021 年第 2 期。

乏多样性、学习支持体系不完善等。及时发现问题,有助于制定针对性的改进策略,推动建设质量的提升。通过学习型城市建设监测,可以发现国内外学习型城市建设的成功经验和好的做法。这些成功经验可以为其他城市提供借鉴和参考,促进各地学习型城市建设的良性竞争和合作。学习型城市建设监测可以促进不同城市之间的交流与合作。城市之间可以分享自己的建设经验,共同探讨解决问题的办法,共同推动学习型城市建设水平的提升。学习型城市建设监测可以提高公众参与度。监测过程中,广泛征求公众的意见和反馈,使公众成为建设的参与者和监督者,增强了公众对学习型城市建设的认同感和归属感,提高了城市的人文关怀。

学习型城市建设监测有助于推动城市的学习型城市的建设。城市在建设中可能遇到各种问题和困难,通过监测可以及时发现并解决这些问题,促进城市由传统型向学习型转变,实现城市发展的可持续性和创新。通过监测为构建科学合理的指标体系提供了重要支持。学习型城市的建设涉及多个方面,需要建立综合性、系统性的指标体系来全面评估建设质量,确保评估的全面性和客观性。最后,学习型城市建设监测是一个持续改进和创新的过程。通过不断的监测和评估,可以发现新的问题和挑战,促使城市在建设中持续改进和创新,不断提升建设质量。

因此,学习型城市建设监测对于推动学习型城市建设质量与水平的提升至关重要。只有通过科学地监测和评估,及时发现问题并采取有效措施,才能推动学习型城市建设不断向更高质量和更高水平发展。同时,建设监测也有助于促进城市间的交流与合作,推动共建共享的学习型城市建设进程。

三、为终身教育质量的提高提供数据支撑

终身教育是指教育应当是面向人人、贯穿人一生的各个阶段,人人享有优质终身教育的权利;终身教育是个体一生教育与学习的总和,包含各类正规教育、非正规教育与非正式学习。[①]从终身教育提出到现在建立法规、整合资源、更新模式等,终身教育不断朝着高质量迈进。这个过程中少不了对其发展水平的科学监测。

学习型城市监测有助于帮助政府了解终身教育资源在学习型城市内的分布情况,包括学习机构、学习设施、学习活动等资源的分布情况,从而可以评估终身教育的覆盖程度和可及性,确保资源公平分配。通过学习型城市监测,可以评估终身教育活动在城市中的普及程度,了解不同年龄、不同社会群体参与终身教育的情况,判断终身教育是否能够覆盖全体市民。学习型城市监测可以收集学习者的参与情况数据,了解学习者的学习行为、学习偏好和学习需求。这些数据有助于优化终身教育课程设计和学习资源的配置,提高学习者的学习积极性和学习效果。学习型城市监测有助于评估不同学习活动的效果和成效。通过收集学习者的学习成果数据和学习者满意度调查,可以判断学习活动的有效性,为改进活动提供依据。通过监测教育机构和教师的教学质量和服务水平,了解教育机构和教师的表现,为市民选择优质教育机构和教师提供参考,提供相应专业培训,壮大师资力量。通过监测,可以提供数据支撑,有助于政策的优化。掌握了监测数据,政府和教育部门可以了解终身教育的实际情况,及时发现问题和不足,优化政策措施,提高政策的针对性和实效性。学习型城市监测结果可以作为经验交流和合作的基础。不同城市之间可以分享成功经验和有效做法,相互借鉴,共同推动终身教育质

---

① 袁雯等:《教育即终身教育——面向中国式现代化的终身教育变革》,载《教育研究》2023 年第 6 期。

量的提高。

因此,学习型城市监测为终身教育质量的提高提供了必要的数据支撑。通过数据的收集、分析和应用,可以更好地了解终身教育发展的现状和问题,优化政策和资源配置,推动终身教育质量的不断提升和发展。同时,监测也有助于促进城市之间的经验交流和合作,形成合力,共同推动终身教育事业的发展。

第二节　教育现代化视域下我国学习型城市建设评价的实践现状

评价是学习型城市建设的重要组成内容,目前在政策的引导下,学习型城市评价主要是以学习型城市建设监测来实现的,当前我国已经初步建立了学习型城市建设监测的评价框架,各地也在依据自身特色构建具有地方色彩的指标体系。[①]通过对相关监测指标分析,明确各地学习型城市建设现状,探索其学习型城市建设监测的重要经验,为后续的发展提供参考借鉴。

一、各地主要的学习型城市建设监测指标

近年来,随着学习型城市建设重要程度的不断提高,在国际指标和本土经验的基础上,我国国家及各省市学习型城市监测指标体系也逐渐构筑起来。

（一）各地学习型城市建设监测指标的基本情况与政策依据

学习型城市建设是持续性、长期的历程,通过监测,了解学习型城市建设质量与水平,更有利于发现学习型城市建设过程中的痛点与难点。为此本书选取了实施学习型城市监测较早、制定监

---

① 国卉男等:《学习型城市监测:从国际实践到本土重构》,载《职教论坛》2022年第2期。

测指标较为完善的北京和上海两地的指标体系,以及全国学习型城市监测指标,进行整体分析。

2016年,教育部组织中国成人教育协会、中国教育科学研究院、北京市教育科学研究院等单位研制了《全国学习型城市建设监测指导性指标体系(试行)》。2017年,教育部职成司印发《关于开展学习型城市建设监测项目实践的通知》,委托中国成人教育协会对北京、上海、杭州、成都、武汉、长沙、宁波、太原八城市开展学习型城市建设监测实践,验证监测指标体系,探索学习型城市测评工作机制。2019年11月,教育部发布《职成司关于进一步开展学习型城市建设监测项目工作的通知》,面向"全国学习型城市建设联盟"地级及以上100多个城市开展学习型城市建设监测实践。2019年,北京市以教育部文件为基础,北京市教委颁发《关于开展学习型城区建设监测项目工作的通知》,制定了《北京市学习型城区建设监测指标体系》,对全市16个城区开展了监测工作,北京教科院终身学习与可持续发展教育研究所负责监测工作的组织协调,并在各区提交的监测数据和报告基础上,形成北京市学习型城市建设监测的总报告。2021年,上海市教委等十部门联合发布《关于开展上海市学习型城市监测工作的通知》,明确提出,围绕建设终身教育体系和终身学习平台,完善终身教育体制机制等学习型城市建设的核心要求,分层分类开展面向本市学习型城区、学习型组织和终身学习者的常态化监测工作。由此,建立跨部门、跨行业、多主体协同的学习型城市监测运行机制,形成开放、包容、高效的监测工作格局。上海终身教育研究院负责学习型城区监测工作并制定《上海市学习型城区创建监测相关数据指标》,上海市教育科学研究院负责学习型组织建设监测工作,上海市民终身学习监测研究中心负责市民终身学习监测。

尽管三个指标体系均在同一政策背景下制定的,指标结构本身比较类似,但从内容上仍然有一定区别,《全国学习型城市建设监测指导性指标体系(试行)》包括两个层面:宏观框架—关键指标,包含四大维度分别为:背景性指标、基础性指标、发展性指标和特色性指标;共计 42 项二级指标。并且指标采取定量数据收集和定性资料收集两种方式(见附表 1)。《北京市学习型城区建设监测指导性指标体系(试行)》在指标建设的框架与维度上与全国指标体系一致,但在二级关键指标内容上有所变化,更为聚焦和更具有针对性。《上海市学习型城区创建监测指导标准(2020年调研试用版)》和《上海市学习型城区创建监测相关数据指标(2020 年调研试用版)》构成上海学习型城区创建监测指标体系。在《上海市学习型城区创建监测指导标准》中建立三级指标维度,其中一级指标包括政策规划的落实措施、建立的协调机制、资源保障、学习机会、学习氛围、确立评估监测机制等方面;在《上海市学习型城区创建监测相关数据指标》同样围绕资源保障、学习机会和学习氛围等方面(见表 5-1)。

表 5-1　全国及部分地区学习型城市建设监测指标设置的政策依据

地点	年份	文件	内容
全国	2014 年	教育部等七部门《关于推进学习型城市建设的意见》	建立健全终身学习的统计信息体系,研制监测评估指标体系,支持社会组织等第三方开展学习型城市建设与发展状况评价和监测活动。
	2016 年	教育部组织相关单位	研制《全国学习型城市建设监测指导性指标体系(试行)》。
	2017 年	教育部职成司《关于开展学习型城市建设监测项目实践的通知》	提出完善《全国学习型城市建设监测指导性指标体系(试行)》(2017 版)和监测工作机制。相关省级教育行政部门指导有关城市制订监测指标体系、工作方案和组织实施。八城市建立领导工作机制,成立监测工作专家组。

地点	年份	文件	内容
北京	2007 年	《关于大力推进首都学习型城市建设的决定》	进一步制定建设学习型城市的阶段性目标、任务、措施、工作重点以及实施途径、步骤。研究提出学习型城市指标体系，不断完善各类学习型组织创建工作的评估标准。
	2016 年	《北京市学习型城市建设行动计划（2016—2020）》	建立以区域、行业与系统齐抓共管、协同共促的学习型组织建立机制，形成调研、视导、培育、评估、激励、交流、回访制度。
上海	2006 年	《关于推进学习型社会建设的指导意见》	研究提出学习型社会指标体系，制定各类学习型组织创建工作的评估考核和奖励办法。
	2016 年	《关于进一步推进本市学习型社会建设的若干意见》	建立监测与政策调整互动机制，组建监测专家咨询委员会，依托第三方专业组织，开展以学习者为中心的终身教育服务水平评估与指导，不断改进和提升市民的终身学习品质。

整体上学习型城市监测的目的在于全面系统地反映城市在学习上的建设，包括学习的条件保障、学习的现实状况、学习的组织发展、学习的成效等方面。在内容上回应了联合国教科文组织和经合组织在理念上的要求，具有一定特征指标体系的色彩；在形式上，则属于非常典型的质量评估指标体系，是对当前我国学习型城市质量、实践成效的全面评估，从而为下一阶段行动提供参考。具体主要对几个方面提出了考核要求：一是判断城市在学习上是否建立制度机制，是否有完善的管理体制，是否有充足的经费保障；二是了解城市学习是否实现均衡，是否始于人之初终于人之末；三是甄别城市提供的学习是否分层、分类，关注不同群体的需求，组织是否有序科学；四是提炼学习对个人、组织和城市的影响。

（二）北京学习型城市建设监测指标分析

北京的学习型城市建设的发展已有二十余年,这二十余年的发展,是一个以评促建的过程。早在 2012 年,北京就启动了全市社区教育监测,2016 年提出研制北京学习型城市建设监测评估指标体系,2017 年作为主要城市参与了教育部职成司发布的学习型城市监测项目,①并于 2019 年发布《北京市学习型城区建设监测指导性指标体系(试行)》,具有比较丰富的理论与实践基础。

北京市开展学习型城市建设监测的主要目标任务是:各区建立学习型城区建设监测常态化工作机制,组织动员相关部门参加学习型城区监测项目,搭建监测工作信息化交流与服务平台,逐步建立学习型城区建设过程和建设水平的动态信息数据库等,②《北京市学习型城区建设监测指导性指标体系(试行)》的发布为其目标的实现提供了基本参考依据(见附表 2)。

《北京市学习型城区建设监测指导性指标体系(试行)》主要包括 4 类一级指标与 43 项二级指标,其中第一类背景性指标包括了人均 GDP,社区养老服务机构和设施数,每万人拥有社会组织数量(个),每万人年专利授权量,新增劳动力平均受教育年限,城镇登记失业人员就业率,公共教育经费支出占 GDP 的比例,人均教育、文化消费支出数,万元 GDP 能耗以及人均公园绿地面积增长率 10 项内容,对北京学习型城区建设的基本情况有一个整体性了解。

第二类指标类型为基础性指标,涵盖了区委区政府将学习型

---

① 韩民等:《面向人人、开放灵活的教育体系和学习型社会建设——"构建服务全民终身学习的教育体系"笔会系列二》,载《终身教育研究》2020 年第 3 期。

② 《北京市教育委员会关于开展学习型城区建设监测项目工作的通知》,载北京市教育委员会网,http://jw.beijing.gov.cn/xxgk/zfxxgkml/zfgkzcwj/zwgzdt/202001/t20200107_1563129.html。

城区建设列入当地经济社会发展规划,对学习型城区建设工作广泛宣传,建有多部门共同参与的推进学习型城区建设的领导、管理和组织机制,建有推进学习型城区建设工作指导服务机构,建立了学习型城区建设评价、督导、激励等相关制度,学前三年毛入园率,高中阶段教育入学率,规模以上企业员工培训参与率,对农民工、失业者、低技能者、残疾人等弱势群体开展教育培训的情况,老年教育开展情况,家庭教育开展情况,城乡居民社区教育年参与率,人均城乡社区教育经费,平均每万名城乡居民拥有社区学习场所面积,社区教育专职管理、教学、学习指导师队伍总人数占常住人口的万人比,终身学习活动周举办的活动数量和覆盖面与举办社区、市民主题教育活动数量,已培育、认定的市、区学习品牌数量和学习之星数量,已培育、认定的市民终身学习示范基地、职工继续教育基地、示范性成人学校建设、新型职业农民培训基地数量,近三年学习型街道(乡镇)及学习型社区(新村)等区域性学习型组织建设情况,以及近三年学习型机关、企业、事业单位、学校及社会组织等单位性学习型组织建设情况21项内容,内容涉及学前、高中等多个学龄段,覆盖幼年、儿童、青年、中老年等多个群体,包括学校教育、家庭教育、社区教育、企业教育等多个方面,多层次、多维度地对北京学习型城区的建设情况进行全面监测。

第三类指标为发展性指标,主要包括普通教育学校服务社会、社区情况,区域内职业院校年度校均开展继续教育培训、社区教育人天数,推动高等学校服务区域发展的情况,区级市民学习平台与网络建设水平,探索建立学分积累与转换及促进不同类型学习成果互认和衔接,全民阅读推动与发展情况,开展示范性学习型社区建设情况,开展示范性学习型组织、学习型社团建设情况8项内容,积极探索教育服务社会的基本情况,探索学习型组织的建设情况,对学习型社区建设进行整体情况监测。

第四类指标为特色性指标,主要监测学习型城区建设有效服务、助推区域发展战略和中心工作,在推进学习型城区建设的体制、机制等方面有创新,在培育示范性、创新性项目以及品牌建设方面成绩突出,近五年来城区获得与学习型城区有关的市级以上的荣誉称号方面的建设情况,探索北京市学习型城市建设的创新案例与引领示范情况。

在监测指标的引领下,北京市积极探索包含各类学习型组织在内的学习型城市建设现状,完善以评促建发展内核,在学习型城市建设监测中总结经验、发现问题,不断结合自身实际提高学习型城市创建工作的实效。

(三)上海学习型城市建设监测指标分析

为开展上海市学习型城市建设工作,自 2017 年起,依据《教育部等七部门关于推进学习型城市建设的意见》中关于"建立健全终身学习的统计信息体系,研制监测评估指标体系"①的要求,上海市积极组织开展学习型城市监测试点工作,并由上海市学习型社会建设与终身教育促进委员会办公室(以下简称"市促学办")牵头,成立了由市人社、市发改委、市总工会等委办单位组成的监测项目试点工作领导小组,由上海市终身教育研究院负责实施,将浦东新区、徐汇区、黄浦区、杨浦区、闵行区、崇明区等列为监测试点区,由市教科院、市教育评估院、市学指办等单位组成的监测项目试点小组实时监测,同时还邀请部分委办局、高校、基层工作部门的负责人组成专家组,负责对监测项目试点工作进行研究、实施与推进。

经过理论分析、实践调研、专家咨询等多途径、多渠道的经验

---

① 《教育部等七部门关于推进学习型城市建设的意见》,载中华人民共和国教育部政府门户网,http://www.moe.gov.cn/srcsite/A07/zcs＿cxsh/201409/t20140904＿174804.html。

获取,上海市于2021年7月发布《上海市学习型城区建设监测指标(2021年版)》(见附表3),开展覆盖2016年1月1日至2020年12月31日的学习型城区年度监测工作,监测对象涵盖全市16个区,通过线上数据采集与线下实地监测两种方式进行,推动了上海学习型城市建设监测工作的有效开展与落实,其中《上海市学习型城区建设监测指标(2021年版)》的基本情况分析如下。

《上海市学习型城区建设监测指标(2021年版)》主要包括6项一级指标、15项二级指标以及30项三级指标。其中一级指标包括建立领导和管理制度、制定规划和计划、提供资源保障、扩大终身学习机会、营造终身学习氛围以及建立督查评价制度6个方面,囊括了上海市学习型城区建设的主要监测大类。

二级指标主要包括15项内容,其中建立领导和管理制度包括确立党政主导、多部门参与的学习型城区建设领导机制以及确立学习型城区建设的管理服务制度两个基本内容。制定规划和计划包括学习型城区建设工作纳入城区整体发展规划与制定学习型城区建设的专项规划和计划两项基本内容。提供资源保障包括健全经费投入和管理机制,共建共享学习资源,扩大教育服务供给,以及终身教育师资队伍建设情况三项基本内容。扩大终身学习机会包括市民终身学习环境和条件的改善情况、为各类人群提供终身学习服务以及提供数字化智能化的学习支持服务三项基本内容。营造终身学习氛围包括组织开展市民学习活动、形成学习活动的特色和品牌以及推进学习型组织建设三项基本内容。建立督查评价制度则包括建立学习型城区建设的督查制度与建立学习型城区建设的监测、评价制度两项基本内容。二级指标的细化进一步明确了一级指标的内容,为监测内容的再划分与再明确提供了新思路。

三级指标在二级指标的基础上进一步细化为包括确立区跨

部门沟通、协商的领导机构和制度,发挥领导机构的统筹规划、组织协调、指导督察的职能等在内的 30 项内容,从顶层设计到现实工作的开展层层剖析,明确了监测主体与监测任务,为上海市学习型城区监测工作的开展创设了良好依据。

《上海市学习型城区建设监测指标(2021 年版)》的发布,为客观公正地研判上海市学习型城市建设的发展水平、特色、趋势与问题创造了条件,为动态衡量各区学习型城区建设工作成效提供了依据,有利于衡量上海市学习型城市建设的实际发展水平,为上海市学习型城市建设的均衡化、高质量、可持续发展提供了现实保障。

二、学习型城市建设监测实践——以上海市四区为例①

上海市致力于建设"人人皆学、处处能学、时时可学"的学习型社会,建立了比较完备的学习制度,构建了充分、良好的学习环境,鼓励市民做乐于学习、终身学习的学习者,创设了良好的学习型城市的建设氛围。为更加科学、有效地衡量上海市学习型城市的建设情况,由市学促办统一部署,组建专家团队与协作团队等,以上海市黄浦区、杨浦区、宝山区、崇明区四区为调研对象(分别以 A、B、C、D 代表),对试点区的建设情况进行了监测调研,通过四区的学习型城区建设情况,综合反映上海市学习型城市建设监测的基本情况。

(一)监测调研对象

为更好地保证调研结果的有效性,保证调研结果能够尽可能地代表上海市的整体情况,在综合考虑地理位置、经济发展水平、人口分布等因素后,将试点区定为黄浦区、杨浦区、宝山区以及崇

---

① 本部分内容主要参考上海终身教育研究院:《上海终身教育发展报告(2019—2022)》,第八章"上海学习型城区创建的监测制度设计及试行情况报告"。内容与数据均已公开。

明区,参与试点监测的四区基本情况如下(见表 5-2)。

表 5-2　参加试点监测的四区概况

城区	常住人口 (万人)	人口 户籍人口 (万人)	60 岁及 以上户籍 人口占比 (%)	面积 (平方公里)	人均 GDP (万元)
A 区	65.08	80.89	40.25	20.46	39.61
B 区	130.49	106.70	36.76	60.73	15.96
C 区	204.43	100.97	35.90	270.99	7.59
D 区	76.33	67.86	36.35	1 413	5.50

（二）监测调研指标

在综合理论分析、国际比较以及专家咨询后,围绕教育部《关于进一步开展学习型城市监测项目工作的通知》,核心项目组研制出具有上海特色的《学习型城区创建监测调研指标体系》。监测调研指标体系包括"制定规划和计划"等 6 个一级指标、15 个二级指标和 26 个三级指标,综合考察四个调研区的学习型城区建设情况(指标部分情况如表 5-3 所示)。

表 5-3　"学习型城区创建监测调研"指标(部分)

一级指标	二级指标
1. 制定规划和计划	1.1　多部门共同制定学习型城区创建的规划 1.2　区委区政府将学习型城区创建工作纳入本区经济社会发展规划 1.3　研究并调整学习型城区创建规划和计划
2. 建立领导协调机制	2.1　建立多部门组成的创建领导、协调、指导和促进机构 2.2　各部门为创建工作保持常态化沟通
3. 提供资源保障	3.1　建立可持续的创建经费投入机制 3.2　社区和多部门共建共享终身学习资源 3.3　形成一支有质量的终身教育师资队伍

（续表）

一级指标	二级指标
4. 提供终身学习机会	4.1　为各类人群提供终身学习服务 4.2　为市民营造学习环境和条件 4.3　利用信息技术服务市民终身学习
5. 营造终身学习文化	5.1　组织各类大型学习活动 5.2　形成学习型城区创建的特色、品牌项目
6. 确立评估监测机制	6.1　建立学习型城区创建的资料、数据采集和记录制度 6.2　建立并实施学习型城区创建的监测评价制度

（三）监测调研结果

调研团队以监测调研指标为抓手,对四区的学习型城区建设情况进行了扎实调研,并围绕指标梳理出监测调研的基本情况反馈,为上海市学习型城区乃至学习型城市的建设提供了有效参考。

1. 制定了学习型城区的创建规划与计划

监测调研发现,四个试点区均制定了对应的学习型城区创建规划,包括专门性规划、嵌入式规划以及对接式规划等,积极发挥区委、区政府等对学习型城区创建工作的领导作用。如黄浦区在《黄浦区国民经济和社会发展第十三个五年规划纲要》中提出体系建设、模式创新、服务能级提升等任务;杨浦区在《杨浦区教育综合改革方案(2015—2020 年)》中提出要确立完善终身教育的机制、配送体系等项目;宝山区在《宝山区国民经济和社会发展第十三个五年规划纲要》中提出将终身教育作为提升教育服务经济社会发展能力的重要途径,提出做优做强"乐学宝山"终身教育品牌;崇明区在推进《教育部等九部门关于进一步推进社区教育发展的实施意见》的过程中,对照文件的要求,在组织领导、能力建设、资源供给、学习载体、重点人群、队伍建设等方面,明确了社区教育发展的具体计划和目标等。

2. 建立了学习型城区发展的协调体制和机制

监测调研发现,调研区根据上海市委、市政府《关于推进学习型社会建设的指导意见》《上海市中长期教育改革和发展规划纲要(2010—2020 年)》等文件要求,陆续建立了由教育部门主管的区"学促委",负责区域内终身教育发展和学习型社会建设的统筹协调,其中杨浦区学促委于 2006 年成立,黄浦区学促委于 2007 年成立,崇明区学促委于 2008 年成立,宝山区学促委于 2011 年成立,统筹全区的学习型城区建设工作等。同时,为了协调社区教育与学习型城区创建的关系,四区均建立了由"社区学院—社区学校(职业和成人学校)—居(村)委教学点"等机构(设施)组成的社区教育网络,并建立起了跨部门的社区教育业务指导和协调体系,如黄浦区建立了 5 个社区教育中心,每个中心负责 2 所社区学校的指导工作,搭建起街道办事处、社区学校、辖区内公办学校及其他社会组织多方参与社区教育的平台。

3. 为学习型城区提供了各类资源保障

调研发现,为推动学习型城区的有序、高质量建设,各区在经费、设施、服务等方面不断完善,提供可持续的资源投入与支持,包括教育机构网络、学习资源、师资队伍等。在财政经费保障方面,各区政府创建部门承担的人均终身教育专项经费整体上保持基本稳定;在社区教育网络建设方面,四个试点区均建立了由"社区学院—社区学校—居(村)学习点—社会学习点"等构成的社区教育机构网络,有力促进各层级之间的沟通与联动,如崇明区每年对镇成人学校、社区学校、老年大学和老年学校等机构的办学情况进行考核与评估,把社区教育和终身教育工作纳入乡镇考核目标;在学习资源建设方面,各区主要围绕"建设怎样的学习资源"和"如何建设这些学习资源"两个重点展开,如杨浦区着力打造具有区域特色的三类"海派"学习资源,宝山区采取"1＋N"模式对基层学习点开展指导和资源配置,崇明区建立了"生态教育""生态科技""生态农业""生态文化""生态运动""生态园林"六大市民终身学习体验基地,杨浦区整合区域内高校、企业、社会公共资源三大教育资源为市民创设学习条件;在师资队伍建设方面,各区近年来的社区教育专、兼职教师的规模保持基本稳定,均重视师资队伍质量的提升与发展;在信息技术支持方面,信息技术对各区学习型城区创建的支撑作用日益显现,通过建设学习网、开设公众号、打造数字化学习平台等方式,推动区域内的信息化水平发展。

4. 扩大了市民终身学习机会

调研发现,除了正规教育系统,各区提供家庭、社区、工作场所、公共空间以及基于数字技术的学习条件和环境,为不同背景、类型的人群开展终身学习拓宽教育机会,创设良好氛围。如黄浦区创设了多家面向产业工人的"黄浦职工学堂",开设了多门"公益乐学"课程,为产业工人学习提供机会;杨浦区为区内的老年人、未成年人、妇女和在职人员等人群打造了养老学习圈、家庭教育学习圈、女性教育学习圈以及职工文化学习圈等四大学习圈,为各类人群的学习创设条件;宝山区人社局联合区总工会、教育局和财政局,共同开展宝山区技能人才培养的"双百计划",计划选拔资助 100 个优秀技能团队和 100 名首席技能人才;崇明区总工会开展"迎花博——窗口行业职工素质提升培训",为客轮、巴士、旅游园区等职工开展英语、礼仪、茶艺、心理、急救等方面的培训等。

5. 营造了学习型城区终身学习文化

调研发现,各区不断激发广大市民的学习热情和兴趣,传播终身学习理念,宣传终身学习成果,营造浓郁的终身学习文化氛围,积极推动学习型城区的创建。2016—2019年,监测试点区参与"全国终身学习周"等全国性及上海市、各城区主办的群众性学习活动类型繁多,市民的参与率保持相对稳定,且除了全国性的大型终身学习活动,组织各类具有区域特色的主题性、群众性学习活动,也是四区学习型城区营造终身学习文化的重要途径。如黄浦区围绕家庭教育指导的主题,依托社会力量,持续为辖区内广大家庭提供公益性的育儿指导服务;宝山区结合区内每年举办的国际邮轮节、顾村公园樱花节等大型文化活动,通过讲座、展览、主题报告会等形式,为学习者提供交流机会;崇明区于2018年启动了"市民修身学习人文行走项目",将瀛洲公园、博物馆、寿安寺、金鳌山、生态科技馆、图书馆、美术馆等作为人文行走学习点连接起来,打造了一条历史人文与生态相融合的行走线路;杨浦区科委2019年开展"杨浦科普行一卡通"进场馆活动,有效带动市民全年参观科普场馆72批次、5 610人次等。除此之外,调研还发现,各区还通过打造学习活动品牌项目、建设学习团队(共同体)、搭建创建工作的交流平台等方式,切实营造学习型城区终身学习文化氛围,鼓励市民广泛参与学习。

6. 开展了学习型城区的监测、评估和研究

调研发现,各区政府部门、教育机构、社会专业组织协同开展学习型城区创建的监测评估,初步形成了制度建设与工具开发并重、单项活动评价与创建综合评价结合、阶段性评价与长效评价交织的工作格局。一是建立了监测评估规章,如2016年底,黄浦区社区学院成立了"上海市民终身学习需求与能力监测中心";受区教育局委托,区学促办开展了《推进上海市民终身学习需求与能力监测运行机制的实验》课题研究;杨浦区借助"杨浦区终身学习数据采集统计和分析决策系统"的监测工具,系统采集区"学促委"成员单位、各街道开展教育培训服务的基础性数据;为促进社

区学校建设的规范化,宝山区制定了《社区学校年度考核办法》《社区学校专职教师管理办法》等规范性文件。二是实施了多样化监测评估项目,如黄浦区团委 2018 年委托"上海青年家园民间组织服务中心",对本区青年社会组织公益服务项目的运作及其成效进行评估;宝山区每年利用市民终身学习周的时机,开展活动项目、学习需求的调研工作;杨浦区社区学院 2019 年利用"教子有道"社会大学堂讲座机会,连续数月对参与活动的家长开展了育儿培训需求问卷调查,发布了系列调查报告;崇明区 2019 年对区内老年教育社会学习点和养教结合学习点(共 10 家单位)建设情况进行了评估验收,并发布了评估报告。三是开展了创建工作的科学研究,调研的四区基于本区域创建的理论与实践情况进行研究,积累了有价值的数据,形成了能体现本区学习型城区建设情况的研究成果,推动了学习型城区的建设与发展。

第三节　教育现代化视域下我国学习型城市建设监测的逻辑体系与特色

为探索当前我国学习型城市监测指标主要的价值取向和监测重点,使用质性研究工具 Nvivo12.0 对现行《上海市学习型城区创建监测指标(征求意见稿)》及其附件《"上海市学习型城区创建监测指标"数据项(征求意见稿)》和《北京市学习型城区建设监测指导性指标体系(修订版)》《全国学习型城市建设监测指导性指标体系(试行)》三个监测指标进行分析,以词汇长度为 2 进行文本词频分析,根据对文本词频分析梳理出当前我国学习型城市监测指标的特征,结合各指标监测自身的逻辑体系,梳理出编码框架,并对内容进行再组织,可以获得当前我国监测指标的监测重点与特征(见图 5-1)。

图 5-1　学习型城市监测指标词频图

一、我国学习型城市监测指标的逻辑体系

由于指标本身拥有自身的监测逻辑,并且在语句描述上相对凝练和简洁,因此本书不再针对指标进行自编码,在词频分析的基础上,将各二级、三级指标进行拆解,梳理出当前我国有代表性的学习型城市监测指标的整体逻辑体系(见图 5-2)。

二、我国学习型城市监测指标的特色

学习型城市建设监测作为衡量建设成效、优化资源配置、提升教育质量的关键环节,近年来在我国取得了显著进展,通过对指标体系的词频分析和质性编码,可以挖掘出当前我国学习型城市监测的发展趋势与特点。

(一) 从政策到实践过程中明显的重心下移

基于对我国学习型城市监测的政策梳理也可以看出,我国学习型城市监测走出了一条从地方实践促进国家政策建设,再引导

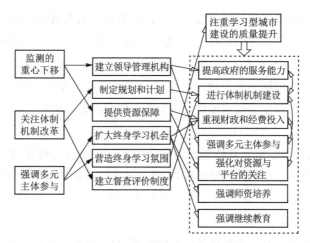

图 5-2　当前我国监测指标的逻辑体系

地方政策设计和落实的新型政策路径。从国家政府文件到北京、上海等城市具体开展，开展学习型城市监测是推进教育现代化，加快学习型城市建设和实现学习型社会可持续发展机制创建的必然举措。自 2014 年提出研制学习型城市建设评估体系到 2019 年出台具体的《全国学习型城市建设监测指导性指标体系（试行）》，我国学习型城市建设监测的政策逐步细化、具体、完善；国家层面的学习型城市建设监测政策为地方、区域层面学习型城市建设的监测提供了目标和方向，地方层面因地制宜，在其指引下进一步将政策本土化，推进区域学习型城市的建设发展；学习型城市建设监测工作是不断变化、辩证发展的过程，随着学习型城市建设实践的推进，社会时代的变化发展，学习型城市建设监测机制、评价体系也应在不断调研、实践、总结的过程中进行调整。

（二）与国际接轨，密切关注体制机制改革

学习型城市监测指标中大量指标以经费投入作为衡量标准，其中涉及经费概念的出现了 25 次，财政出现了 10 次，非常重视对于学习型城市建设的投入。并且和当前体制机制改革相联系，在关注投入力度的同时，监测指标也很强调学习型城市的制度建设，"机制"被提及了 22 次，"制度"则为 20 次，体现了学习型城市建设在制度层面的要求。这也同时体现了当前我国学习型城市监测与国际学习型城市建设的关系。联合国教科文组织《学习型城市建设指南》(Guidelines for Building Learning Cities)的六大"关键行动领域"，具体包括制定学习型城市建设的规划、创建包括所有利益相关方的协调机制、通过系类学习活动推动学习型城市建设的历程、保证所有市民均可参与学习、建立监测与评估程序、保证资金供应的可持续性等。

作为一种带有较强导向性的监测指标，体现了我国在大力推进教育现代化背景下，对于学习型城市监测科学化的要求，需要解决在制度层面对于学习型城市建设的桎梏，从而激发全社会参与学习型城市建设的创新活力，全面提升学习型城市建设的水平。这也同时体现了当前我国学习型城市监测与国际学习型城市建设的关系，联合国教科文组织《学习型城市建设指南》的六大"关键行动领域"中就包括了"制定学习型城市建设的规划、创建包括所有利益相关方的协调机制"等。

（三）强调多元参与，提升信息资源的透明度

传统的教育监测以单个或少数几个官方主体作为主要评价的组织者和实施者，紧随机制体制的变化，监测理念也实现了革新，更多原本不在学习型城市监测领域的非官方主体出现在指标中。其中非政府组织、教育机构、企业单位、居民群体也被纳入当前的评价中。从而让监测的过程更加透明，进一步保障了结果的公平和可信，在体现中国和地方特色的同时，也更进一步与国际学习型社会监测指标体系接轨。不论从全国指标还是北京与上海两市指标体系来看，在监测落实中都需多部门共同参与。例

如,在全国指标中相关数据来源包括民政部门、教育部门、财政部门、统计部门等;在上海和北京两城市指标中相关数据来源不仅包含以上单位,还包括高校、社会机构、工会、文明办等。通过多部门共同参与监测落实,不仅确保学习型城市建设数据的可靠与准确性,更能够进一步提升学习型城市建设的社会认可度、群众参与度和高水平教育质量。

第四节 教育现代化视域下我国学习型城市建设监测的成绩与问题

通过政策引领、机制建设等,各地学习型城市建设监测稳步推进,取得了一系列成就,形成了具有自身特色的发展经验和发展模式,但与此同时也反映出一系列值得思考的问题。

一、我国学习型城市建设监测取得的成绩

一直以来,我国在推进学习型城市建设中,从国家到具体的城市,始终坚持将监测作为提升城市学习力的重要抓手,促进了学习型城市建设在新的历史发展阶段的转型与创新。

初步构建了学习型城市监测体系。通过多年在理论研究与实践探索方面的不断努力,不论国家层面,还是具体到北京、上海、成都等城市,都初步构建起具有城市特点的学习型城市监测指标体系。例如,北京市学习型城市监测指标体系中将包含背景型、基础性、发展性和特色性等指标设定。上海市学习型城市监测指标体系由城区监测、学习型组织监测和市民终身学习需求监测等三部分监测共同构成。成都市学习型城市监测指标体系基于综合性、系统性、可比性、实用性、可操作性及导向性原则,建立了5个一级指标、5个二级指标、62个三级指标,从"保障""终身教育与终身学习服务体系建设""学习型组织建设""城市可持续

发展""成果与创新"这五个方面构成的监测评价体系。

以评促建提升城市市民学习力。提升学习力,是学习型城市建设的根本目的,也是学习型城市监测的最终目标。党的十九届四中全会强调满足人民多层次多样化需求,使改革发展成果更多、更公平地惠及全体人民。由此,提升学习力的关键原则应当是"包容",其内涵指向包括:一是全民性,要努力实现学习力提升"无排斥性"地"包容"所有个体,尤其是对老年人、残疾人等弱势群体、边缘群体要给予重点关注与补偿,以实现所有公民平等、持续发展;二是素质的全面性,要努力实现学习力提升"无差距性"地"包容"所有学习需求与发展可能,尤其是关注自主学习意识和能力的提高,既要加强围绕国家重大战略、提升专业知识和行业技能的教育,又要加强围绕个体实现美好生活、提升生活能力和品质的教育;三是全过程性,要努力实现从学习机会的获得到学习力的提升,再到学习效果实现的"无遗漏性"和"包容性",尤其是保证学习者最终能通过学习实现个体预期的发展。在学习型城市建设中,通过学习增加个人的选择机会,提高生存与发展所需的知识技能、素养水平,以促进个体可持续发展、健康生活和社会公平和谐发展。

实现城市学习服务力提升。拓展资源服务力,是学习型城市建设的根本任务,更是学习型城市监测的能力建设的主要内容。通过学习型城市监测,进一步完善终身教育体系,不断提高政府、社会和企业的教育与学习服务能力,提高正规和非正规、正式和非正式学习的服务质量和有效供给,满足不同人群的多元化、多层次的学习需求,提高学习资源服务的多样性,实现学习资源的多元化与创新化。有效整合多方学习资源,建立全社会协同推进终身教育和终身学习的服务构架,形成政府、社会、企业等多方共协共同的学习资源供给平台。充分利用现代信息技术和互联网等大数据平台,发挥其在提高教育资源供给等学习服务能力中的重要作用,一方面可以利用发达的信息技术和前沿的教育理念,为公民提供新颖的学习资源,创新学习方式,并注重培养公民的创新能力;另一方面依靠大数据平台构建多元化、创新化的数字学习资源,促进实现学习资源的共建共享。

二、我国学习型城市建设监测存在的问题

尽管当前监测在指标设计和实施上已经初具规模和效果,但和国际学习型城市监测相比,以及从监测指标自身的逻辑中也能明显看出存在一定的问题,这些问题一定程度上影响了监测的效果,也体现了对学习型城市建设部分方面关注度不足。

(一)缺乏底层实践的深度关切,与社会治理关联度不足

指标体系设计的目的,主要是通过结果来评估相关策略执行结果的优劣,指标内容主要是根据学习型城市的理念和域内的具体事情,确定评价对象,提供评价方法,确立评价主体,根据评价目的确定收集统计数据的范围。而从我国学习型城市监测的整体逻辑中可以明显看出,尽管在学习型城市的建设中出现了明显的重心下移,监测范围的广度和深度都非常高,但仍然集中在体制机制的变革与资源投入的多元,针对学习型城市建设底层实践层面设计的指标相对较少,在数据收集上以宏观指标占比较高。而从国际指标来看,欧盟"TELS"指标体系设计开发时,"教育型城市"已经在欧洲部分国家实践超过二十五年;联合国教科文组织"帕提农神庙"指标体系公布时,全球范围已经有更多国家开展了更长时间的实践,并且进行了多次交流。而欧洲"R3L+"质量保证框架、加拿大综合学习指数和韩国的监测指标则主要是用来衡量各城市实践的实际绩效,通过评估监督来保证实践质量。和这些指标相比,当前我国试行的学习型城市监测指标在针对底层实践的深度关切上存在不足,不能够充分体现社会管理的作用。

（二）对包容可持续在指标测量中落实不足

尽管在第四届国际学习型城市大会中提出了"包容——建设可持续发展的学习型城市的原则"，也是国际主要学习型城市监测指标关注的重点内容之一，大多数监测指标均将"可持续发展""包容性学习"放在较为重要的位置，但在我国的三个指标中相关指标落实明显不足，涉及相关概念的指标主要集中在投入方面，探讨"确保经费投入的稳定性和可持续性"，实际可供执行的监测内容为"经费占比""总投入"和"总预算"。尽管在设计上考虑了横向和纵向对比从而在一定程度上了解经费的增减，但并不具备真正意义上动态长效监测可持续性的能力。而"包容、可持续"的范畴应包含各层面人群的包容以及多种学习资源的可持续，投入的可持续也不能涵盖包容可持续的全部内涵，仍然需要拓展指标的范围和测量的动态性。

（三）指标设计者参与不足，人群覆盖力度不足

当前指标的设计主要以国家的指标为设计基础，对标国际相关指标监测体系，能够体现国际上对学习型城市监测的关注重点，但设计的参与者多数并未参与到监测的过程中，很多指标的可测量性较弱，需要评价者进行主观判断、提供文字描述资料的指标大量存在。例如在人群方面，主要以城市居民为主，更多聚焦于生活在城市中生活的人，对包括外来务工人员在内的广大农村群体的关注度较低。而我国正处在城市化进程不断推进的过程中，人口的流动也在不断加快，农民市民化也需要在学习型城市进程中得到体现。并且大量指标集中在终身教育领域，针对老年人和成年人群体的指标很多，存在将学习型城市建设简单等同于终身教育建设的导向。与此同时，对于一些弱势群体的关注也相对缺乏，对残疾人等弱势群体的学习需要和学习情况鲜有涉猎。虽然提高了参与主体的多元性，监测对象的范围仍然覆盖力

度不足,因此整体在指标上设计上并不能充分体现学习型城市建设在目标层面提倡的"人人皆学、时时可学、处处可学"。

本章小结

探索学习型城市建设监测的基本情况,可以从理论与实践两个方面出发。从理论的视角切入,可围绕学习型城市建设监测的全国与各地指标展开分析,厘清学习型城市建设监测的基本发展情况;从实践的角度深入,可以将学习型城市建设监测的理论落到实处,探索学习型城市建设的实际情况,总结经验的同时分析其发展所存在的现实问题,探析学习型城市建设监测的优化与完善路径。

从理论的角度,首先以各地学习型城市建设监测指标为突破口,对制定全国学习型城市建设监测指标与实施学习型城市监测较早、制定监测指标较为完善的北京和上海两地的指标体系进行了比较详细的分析;其次运用质性研究工具 Nvivo12.0 对现行《上海市学习型城区创建监测指标(征求意见稿)》及其附件《"上海市学习型城区创建监测指标"数据项(征求意见稿)》和《北京市学习型城区建设监测指导性指标体系(修订版)》《全国学习型城市建设监测指导性指标体系(试行)》三个监测指标进行分析,分析梳理出当前我国监测指标的监测重点与特征:当下我国学习型城市建设监测从政策到实践过程中明显重心下移、与国际接轨;当下我国学习型城市建设监测密切关注体制机制改革、强调多元参与;当下我国学习型城市建设监测重视提升信息资源的透明度等。

从实践的角度,以上海市黄浦区、杨浦区、宝山区、崇明区等四区为例,由点及面得出"学习型城市建设监测"的实践现状与基本发展特点,并从资源保障、扩大终身学习机会、营造终身学习文化、开展监测、评估和研究等方面切入,深入探索各地学习型城市建设监测与评价的实践情况,为学习型城市建设监测的实践发展提供上海样板。

基于理论与实践两个方面对我国学习型城市建设监测的基本情况进行探析,发现当下我国学习型城市建设监测存在着一定的问题:缺乏底层实践的深度关切,与社会治理关联度不足;对包容可持续在指标测量中落实不足;指标设计者参与不足,人群覆盖力度不足等。在对上述各类问题剖析的基础上对症下药,以国际指标为参考依据,结合当前我国的实际情况,得出有利于我国学习型城市建设监测的相关对策建议,主要包括四个方面:一是要把握学习型城市内涵,深入底层实践;二是强调发展的多元与可持续;三是注重城市特色挖掘,关注建设短板;四是构建学习型城市监测共同体,赋能指标建设。

第六章　基于教育现代化推进学习型城市建设与评价的未来策略

在全面建设社会主义现代化国家、推进中华民族伟大复兴的新时代,各城市正努力在幼有所育、学有所教、劳有所得、病有所医、老有所养、住有所居、弱有所扶上谋取新发展,以促进全体人民在共建共享中有更多获得感。这一目标的实现,离不开人才的支撑。党的二十大提出,要深入实施科教兴国战略、人才强国战略、创新驱动发展战略,加快建设教育强国、科技强国、人才强国,强国战略为教育现代化发展带来新要求与新契机,"建设全民终身学习的学习型社会、学习型大国"被视为其中的重要目标和内容,让基于教育现代化推进学习型城市建设与评价实现新发展,变得更为重要且迫切。

第一节　何以可为:教育现代化和学习型城市建设与评价的逻辑考量①

基于教育现代化,对学习型城市的理论溯源,及国内外学习

---

① 本节的主要观点已经发表,参见国卉男:《学习型城市治理体系和治理能力现代化建设:理论指南与行动计划》,载《教育发展研究》2021年第3期。

型城市建设的实践总结,可以发现国际国内学习型城市建设与评价,在理论上存在着共同坚守的价值共识,在实践中遵循着共同的价值取向,在经验中采取了类似的保障举措。

一、国际国内理论演进的价值共识

一切事物的产生与发展都受一定的社会环境与时代背景影响,学习型城市的产生与发展亦是如此。当前,全球教育正处于变革的重要时期,各地的教育系统及教育工作者都在这个背景下进行着深入思考,对于学习型城市发展理论的研究也愈发丰富。倘若从最根本的价值理念进行概括总结,便能发现以下两方面最为根本的重大共识。

(一)面向城市发展中的实际需要

从国际上看,促进社会发展是国际学习型城市不断演进的核心动力。各大学习型城市聚焦社会发展的重要范畴,来思考学习型城市建设的理念变革、实践创新,以着重实现城市发展与社会进步。这一特点在规模越大与越成熟的城市中,体现得也就更加明显。也就是说,无论基于何种基础,围绕何种主题,在学习型城市建设的指导理念中,各国均强调要通过学习型城市建设,缓解甚至解决城市发展中各种不同类型的问题,提升城市建设的质量。如几内亚的恩泽雷科雷市便在学习型城市建设中,提出要"提高居民对城市卫生问题的认识,在全市设立了活动区,并为卫生委员会提供了改善条件的激励措施"。总之,学习型城市建设,要体现教育现代化乃至社会发展现代化的价值指向与追求,通过人的现代化,促进并实现城市发展的现代化。

在国内,这一共识在学习型城市建设中也逐渐得到确立,被表述为"学习型城市建设,要通过促进人的全面发展,来推进社区、社会的和谐发展"。如北京市将启动学习型城市建设议程的目标设立为"应对快速城市化和经济发展带来的经济、环境、人口和社会挑战"。不充分、不均衡是我国社会发展面临的客观现实和主要矛盾。也就是说,在我国城市社区中,不同群体有着不同的工作生活环境,形成了迥然不同的学习特点,对学习的类别、时间、方式等有着多样化的诉求,继而从学习内容、学习方法、学习空间等各方面对终身学习提出了不同的需求。因此,我国的学习型城市建设与评价,必须构建多形式、多层次、多内容的教育服务,才能真正有效地满足各类学习者的学习需求。

在教育现代化视域下,学习型城市建设的关键在于通过人的现代化,促进城市、社会的现代化。学习型城市建设与评价的推进,要以促进城市居民的美好生活为核心,将有效满足学习者学习需求作为根本任务,围绕满足社区居民快速增长的精神文化和学习需求,引导实践拓展与教育服务模式创新,建设与本地区社区发展和居民生活联系密切且相互融合的服务内容,提升资源供给能力,引导社区居民自觉、主动、积极参与学习,提升居民思想道德素养、身心健康素养、科学文化素养、职业技能素养等,促进社会建设和发展。

（二）实现所有个体的有效学习

世界各国学习型城市建设,都致力于实现终身教育与终身学习的全民性、公平性、包容性,尤其在各种类型的监测指标和评价体系中,着重体现了相关内容。如韩国光明市强调建立终身学习中心系统设施,致力于使得任何人可以在任何时间、任何地方获得所需的终身教育资源;墨西哥的墨西哥城努力将公共领域转化为包容性的学习空间,促进对多样性个体的尊重;埃塞俄比亚的巴赫达尔通过提供丰富的学习项目,为女佣和小时工提供了进入学校的机会,并且为他们提供了终身学习的机会等。从这些城市在学习型城市建设上取得的成就来看,围绕这一议题不断付出努力,确实能改变学习者的素养与能力,提高应对各种风险和挑战的能力,继而促进韧性城市的建设。当前,随着学习型城市建设的全球推进,越来越多城市开始面向这一目标踔厉前行,试图通过全民终身学习促进城市的公平和包容。

国内各地围绕学习型城市建设进行的政策设计,也十分强调实现终身学习服务要覆盖"从摇篮到拐杖"各年龄阶段、各类群体:既面向 0—3 岁婴幼儿和老年人提供教育服务,又面向青少年提供校外教育和假期社会实践活动;既为流动人口提供适应性教育,又为全体社区居民供给各类基本教育和培训,不断扩大终身学习服务的覆盖面。在全面实现中国式现代化的进程中,推进学习型城市建设,必须进一步秉持普惠发展原则,以人民为中心,围绕"需求驱动、重心向下、突出重点、服务惠民",重点抓好量大面广、受到社区居民普遍欢迎的教育活动。

"促进人人皆学、处处能学、时时可学",应当成为现代化视域下学习型城市建设与评价的实然目标,而非空泛口号,要将公平惠及所有人群作为政策规划的基本方向与重要任务,发现并关注终身学习无法惠及的"真空"人群,明晰服务市民终身学习的"最后一公里",为实践提供最直接明确的引导,进而消除教育服务供给不足的"痛点",为全民终身学习打通"堵点",真正把学习资源输送到百姓手中,更好惠及全社会各类人群。

二、国际国内实践探索的共同取向

在理念演进的带动下,国际国内学习型城市建设与评价的实践也出现了新的变革,并形成了新的经验共识。

(一)个体参与的广泛多元

最为明显的是,为确实通过全民终身学习,实现个人能力与综合素质的提升,促进现代化城市建设,在实践中都普遍强调学习型城市建设的包容性、全民性和全素质性。

所谓包容性,包括全民性和全素质性两个方面,前者指向学习者的群体代表性,强调每个人有机会实现终身学习;后者指向学习者的学习需求,强调个体能通过终身学习实现能力全面提升。也就是说现代化视域下的学习型城市建设,要强调实现终身学习面向每一个人提供服务,并通过学习资源供给,使个人能力与素质得以提升,通过个人提升反过来推进城市建设、辅助实现社会良好治理。毋庸置疑,这需要多元化、创新性、灵活性的终身学习方式以及终身学习内容配合实现。

就全民性,现代化视域下的学习型城市建设,应当更加强调重点关注老年人、残疾人等弱势群体、边缘群体的学习支持,号召通过增强终身学习服务体系的灵活性,为所有居民,尤其是残疾人、流动家庭、移民等边缘群体提供丰富多样学习机会,满足他们的学习需求。

就全素质性,现代化视域下的学习型城市建设,应当更加强调关注个体终身学习需求的多层次性,号召提高学习资源服务供给的多样性与丰富性,实现学习资源的多元化与创新化,避免学习资源的单一化、重复化,通过提供不同类型、不同领域、不同学科的学习资源,让学习者围绕自身需要、内在兴趣实现自主、自由学习。

（二）行动推进的可持续性

个体的发展和城市的建设是一个连续不断的过程,各国学习型城市建设的另一个共同取向便是强调行动的可持续性,即保持实践行动的"接续不断",通过提供持续性的投入,实现学习型城市建设递进性的不断发展。因此,国际、国内学习型城市建设都十分强调检测与评价,力图通过对实践的客观评判,来不断修正、完整未来进一步行动的方案,推动学习型城市不断取得新的成就与进展。

目前,学习型城市建设的监测与评价,采用了定性认证和量化监测两种理念,综合评价法和综合指数法两种方法(见表 6-1),来跟踪学习型城市建设的实践状况,不断进一步发展提供信息咨询:定性认证,主要是判断一个城市是否能够被认证为学习型城市,或者一个城市确立的行动策略是否符合学习型城市的核心理念和关键特征;量化监测,主要是依靠指标体系进行打分,来反映城市学习型城市建设所取得的阶段成果或在某个范围所处的相对水平,为后续实践提供信息咨询;综合评价法,简单来说就是将影响学习型城市建设的各个因素转化为可以反映实际情况的指标,委托相关评价主体根据各城市的汇报材料或者收集到的具体资料进行评价,可能进行赋值量化或不赋值量化,根据最终结果进行判断;综合指数法更为科学,往往是根据实际的权威部门的统计数据,通过数学方法、根据一定标准进行赋值转化,然后根据累加结果作出实际判断。

表 6-1　国内外主要学习型城市指标体系分类

类型	内涵	指标	评价方法
定性认证	判断一个城市是否能够被认证为学习型城市,或者一个城市确立的行动策略是否符合学习型城市的核心理念和关键特征	欧盟"TELS"指标体系	综合评价法
		韩国终身学习城市评鉴指标	综合评价法
量化监测	反映城市学习型城市建设所取得的阶段成果或在某个范围所处的相对水平,为后续实践提供信息咨询	联合国教科文组织"帕提农神庙"指标体系	综合评价法
		欧洲"R3L＋"质量保证框架	综合评价法
		加拿大综合学习指数	综合指数法
		我国全国学习型城市建设监测指导性指标体系	综合指数法、综合评价法

　　无论是采用哪种评价的理念和方法,都是试图反映出自我预期判断下学习型城市建设所取得实际成效,并通过同一城市在不同时间阶段的纵向比较,或同一时间不同城市的横向比较,从而为后续策略和行动提供一个坐标定位,来切实保证学习型城市建设的可持续推进。

三、国际国内行动保障的关键内容

　　为确保实践中能够实现主体的广泛性和行动的可持续性,各地在学习型城市建设中,十分注重终身学习文化范文的营造,强调学习城市建设不仅需要政府的推动,也需要民众、社会的协力配合。政府作为学习型城市建设的主体,应持续提升职能建设,建立多部门组成的学习型城区(组织)创建协调、指导或促进联席工作小组,为各方面力量的协同整合奠定基础。

　　(一)推进政策规划与支持

　　从国际来看,世界各国学习型城市建设和评价,都十分重视顶层设计,尤其是政策法规方面,通过出台各类文件政策,保障并推进学习型城市的发展。如英国相继出台了《学习时代》《学习与技能法案》《学习的革命》等相关政策文本,以不断在法律政策层面为英国的学习型城市建设提供保障;墨西哥政府制定的《2007—2012年国家发展的合作计划》以及联邦立法会议,都对区域学习型城市建设的理念与行动有着重要的价值与意义;韩国则针对学习型城市的建设提出了不同发展阶段的战略计划,统筹协调推进终身学习等。这些政策设计都注重结合自己的历史国情特征,协调社会各方力量参与学习型城市建设,以实现不同教育形态与教育形式的融合发展,实现政府与非政府等不同社会组织结构的共建共享。如英国成立"终身学习合作伙伴组织",通过建立专门的机构统筹学习型城市的建设与发展,以力图将城市中的经济、教育等各种力量联合起来,共同推动爱丁堡的学习型城市建设。巴赫达尔学习型城市的建设联合政府多个部门、结合松散的教育资源来共同实施学习型社区项目,①众多的私人和非政府组织也都提供培训和教育,这些不同的机构通过建立平等协商的合作关系,开放共享各类教育学习资源,同时又相互监督约束,实现整体利益的最大化,在建设学习型城市中发挥着重要的作用;主要负责发起学习型城市的设计与建设的联邦地区教育部,与联邦区社会发展部、劳工部、就业促进部、卫生部、运动研究所、老年人保健所、教育信托保证机构等众多社会力量紧密合作,致力于将城市打造成公共学习空间。

从国内来看,我国也在不断完善学习型城市建设的系列规划、政策,皆强调学习型城市建设要注重顶层设计与基层创新的良性互动有机结合,发挥党委政府的推动引导作用,培育多元主体,引导各级各类学校和社会力量积极参与,整合学校教育资源和其他社会资源服务社区居民学习。实践取得的成功经验也表明,现代化视域下的学习型城市建设需要通过沟通衔接起社会各方面资源,从而为承担时代使命任务奠定坚实基础。然而当前多元主体共同参与的格局尚未完全形成。虽有部分地方出台了终身学习相关条例,但仍缺乏国家层面关于终身学习的专门立法,学习型社会建设缺乏法律层面的基础性制度支撑,使得各地对社区教育的重要性和紧迫性认识不足,导致终身教育发展(经费、师资、学习机会供给、质量等)在地区之间、城乡之间、社会群体之间都存在明显差异。

因此,现代化视域下学习型城市评价,要将全社会共同行动作为主体内容进行监测评估,引导各地政府将推进区域内的教育

---

① 王桂丽:《非洲学习型城市建设的个案研究——以埃塞俄比亚巴赫达尔市为例》,载《河北大学成人教育学院学报》2017 年第 4 期。

文化资源的整合视为突破点，促进全社会的共同参与。评价要积极鼓励各级各类学校充分利用场所设施、课程资源、师资、教学实训设备，参与学习型城市建设，整合各类正规教育、非正规教育和非正式学习资源，创设多样态的终身学习机构和空间，实现形式灵活、内容丰富的终身学习，通过扩大开放融入数字手段，构造、凝练、聚合成学习型社会"资源网络"，进一步扩大学习资源的总体规模，满足未来一段时期持续增长的学习需求，改善地区间发展不平衡，缩小城乡差距，促进公平、普惠。

（二）落实部门间统筹协同

为实现中国式现代化，党和国家尤为强调"融合"，并为此作了一系列重要部署，以在更高层次、更宽领域、更大范围配置资源。现代化视域下的学习型城市建设，也应当将多元主体协同作为建设与评价的重要内容。

"融合"的关键，在于实现协同各方积极参与学习型城市建设，即要号召政府、社会组织、民众、学界等共同行动，推动各行业、各部门的教育、文化资源共同参与，服务市民终身学习，增强个人能力和社会融入的同时，促进经济发展、文化繁荣及城市面貌。

现代化视域下学习型城市建设的"融合"发展，往往涉及多个方面。首先，要进一步完善终身教育体系，不断提高政府、社会和企业的教育与学习服务能力，提高正规和非正规、正式和非正式学习的服务质量和有效供给，能够满足不同人群的多元化、多层次的学习需求，提高学习资源服务的多样性，实现学习资源的多元化与创新化。其次，有效整合多方学习资源，建立全社会协同推进终身教育和学习的服务构架，形成政府、社会、企业等多方协作的学习资源供给平台。最后，要充分利用现代信息技术和互联网等大数据平台，发挥其在提高教育资源供给等学习服务能力中的重要作用:一方面可以利用发达的信息技术或前沿的教育理念,为公民提供新颖的学习资源,创新学习方式,并注重培养公民的创新能力,另一方面还可以依靠大数据平台构建多元化、创新化的数字学习资源,促进实现学习资源的共建共享。[①]

推进中国式现代化是一个系统工程,需要统筹兼顾、系统谋划、整体推进,为现代化视域下学习型城市提供了方法论,更指出了"康庄大道"。因此,现代化视域下学习型城市评价,要将全社会共同行动作为主体内容,引领实现全社会的统筹协同推进。

第二节 何以难为:基于教育现代化推进学习型城市建设与评价的挑战[②]

我国各城市的学习型城市建设与评价,要基于现代化视域下学习型城市建设的逻辑考量,对客观实践进行聚焦分析,明确未来道路上所必须面对的重大问题、现实环境和所需回应的时代命题。

一、困境与失衡:必须解决的重大问题

我国学习型城市建设与评价,虽然在较短时间内实现了快速发展,但是仍面临着一些急需解决的关键问题。

（一）整体供给能力较弱,缺乏深度和广度

在我国,学习型城市建设,尽管以"人人皆学、时时能学、处处可学"为指导思想,以满足个体终身学习需求、实现全面发展为总体目标,但是实践的参与面、成果的惠及面、影响的波及面等各方

---

① 韩民等:《面向人人、开放灵活的教育体系和学习型社会建设——"构建服务全民终身学习的教育体系"笔会系列二》,载《终身教育研究》2020年第3期。
② 本节的主要观点已经发表,参见国卉男:《学习型城市治理体系和治理能力现代化建设:理论指南与行动计划》,载《教育发展研究》2021年第3期。

面都存在局限性。发展的不充分、不均衡，是我国学习型城市建设面临的根本矛盾：①一方面，学习型城市未能惠及全部人群，不仅部分城市的实践进程十分滞后，而且发展程度较为领先的城市仍有边缘人群、弱势人群等较大规模的居民被排除在外；另一方面，在学习型城市建设中，地方政府尤为关注个体职业能力素养的培养，对其他方面的素养则关注不够，居民的终身学习需求远未得到满足与实现。也就是说，我国终身学习者的学习能力水平都还较低，与实践目标相去甚远，这一种差距体现在实践的各方面。

（二）建设机制不完善，缺乏系统性

在实践中，各级政府围绕学习型城市建设的政策设计，都强调各领域相互沟通、各相关方协同参与，宏观上统合城市建设中经济、文化、教育等各方面事务，微观上整合内部各环节。但是，我国学习型城市建设，尽管实现了学校教育、社区教育、老年教育、学习组织等主要环节的全面推进，但是由于缺乏完整的顶层设计，导致无法形成一个有效、整合的系统，无法获得更大的合力。②更为严重的是，学习型城市各环节任务的实现，几乎沦为政府行政主导的"独角戏"，依赖政府进行财政投入、人员培训、资源开发，虽然在短时间内能够快速取得效果，但是却因为无法动员社会力量参与，面临着资源投入有限、发展难以为继的瓶颈，而无法实现可持续的高质量发展。③

（三）评价体系不健全，缺乏对个体的关切

学习型城市建设中，评价与监测的作用极为重要，本质在于如实反映建设情况，明确未来进一步发展的目标和任务。其中，

---

①②③　国卉男：《学习型城市治理体系和治理能力现代化建设：理论指南与行动计划》，载《教育发展研究》2021年第3期。

完善的指标体系,是学习型城市评价与监测的依据和尺度。评价与监测的指标体系是否科学,将直接关系到学习型城市评价与监测的质量和成效,更对学习型城市建设发展方向有深远影响。[①]因地制宜、因实施策,是我国各地政府学习型城市建设的特色与亮点,这决定了从宏观上建立统一的评价体系是极为困难的,也导致了实践中各地的评价体系不尽相同,存在各方面的不足与问题。更为重要的是,伴随我国社会主要矛盾转化为人民日益增长的美好生活需要和不平衡不充分的发展之间的矛盾,在评价和监测中要更加重视"个人和组织",尤其要保障人人都有参加学习的机会和享受文化成果的权利,关注不同群体的学习需求,从而促进人的全面发展。[②]但是,我国既有的监测与评价体系尚未对此作出足够的回应。

二、时代之围:必须适应的形势变化

现代化视域下的学习型城市建设的根本特征,可以简单归结为普惠与优质、开放与融合、实效与长效,被视为未来实践所必须作出回答的时代命题。

(一)更具包容性[③]

各城市推进学习型城市建设与评价,必须在项目规划、开发、实施、监测与评估等各阶段,强化对于特殊人群终身学习机会可及性/社会融入情况的关注,及时回应多样化的终身学习需求。从我国社会发展的现实来看,必须重点关注以下四类人群:一是促进学校教育学习者增强终身学习的能力。重点加强其基础认知能力训练,牢固掌握基本知识和基本技能,增强自主学习、善于

---

①② 国卉男等:《学习型城市监测:从国际实践到本土重构》,载《职教论坛》2022 年第 2 期。

③ 国卉男等:《国际学习型城市建设的目标转向与新关注——基于四次学习型城市宣言的文本分析》,载《福建广播电视大学学报》2020 年第 3 期。

学习和自我控制能力,加强逻辑思维、探究性思维、创新性思维和批判性思维教育,提高分析问题和解决问题的能力,从而增强他们终身进一步学习的能力。二是推动广大在职人员持续、有效学习。重点加强从业专业人员专业知识和岗位知识的学习,注重行业基本技能训练,增强创新创业能力,弥补部分人员在基础认知能力方面的缺陷,增强专业人员继续学习和创新的能力。三是重视农村从业人员和进城务工人员的学习培训。重点加强转岗培训和就业、再就业培训,增强自主学习意识和能力,实现知识技能水平和人文素养同步提高,努力掌握必需的基本生存、生产技能。四是关心老年人多样化的学习需求。注重老年人在健康、科技、文化和法律等方面知识和技能的学习,不断增强积极健康生活的意识和能力,增强融入社会、参与社会和服务社会的能力,努力满足不同老年人群体的学习需求,让老年人的生活更精彩。

(二)更为数字化

伴随数字化、智能化进程的加速推进,越来越多的学习内容采用更为灵活的方式呈现,线上教育方式被更多人所接受,因此对硬件设施提出了比从前更高的要求,要求每个居民拥有可以进行线上学习的设备以及联通的网络。要加大硬件设施建设,提升设备设施条件,让每一个人都能有机会在需要的时候、地点进行学习,尤其是加大偏远地区、贫困地区的硬件建设,让更多人能够获益于学习型城市的发展。与此同时,充分发挥现代信息技术和互联网在提高教育学习能力中的重要作用。提高成人教育和学习的数字化运用水平,鼓励社会各部门广泛参与提供数字化教育学习服务和学习环境,发展学习 APP。继续发展远程教育和网络教育,鼓励高等学校、职业技术学校和各类文化机构提供免费在线公共教育服务,实现学习资源社会共享。

（三）更加普惠性

以学习型城市建设为抓手，扩大教育的深度和广度，更广范围地全纳人群。在城乡差异方面，结合国家的乡村振兴战略和美丽乡村建设，解决农村空心化问题；从人群关注上，向城市弱势群体和农村"三留"人员拓展，使改革开放的成果尽快惠及他们，缩小城乡地域和贫富人群之间在受教育和享受学习资源、条件上的差距，为和谐社会创造更好的条件。在弱势群体方面，应提高对此类人群的关注，满足老、弱、病、残等群体的学习需求，特别是疫情期间涌现出来的大批数字弱势群体，大力推进普惠性老年教育，形成学习型城市网络，切实提高教育公平，让更多人能够享受学习型城市的建设成果。从中央到地方、集体到个人，全面关切学习发展，形成公平、有序的学习型城市环境，为平稳可持续提供基石。

三、中国式现代化：必须立足的本土命题[①]

中国式现代化，是人口众多的现代化。各城市推进学习型城市建设与评价，必须在项目规划、开发、实施、监测与评估等各阶段，强化对于特殊人群终身学习机会可及性、社会融入情况的关注，作出及时明确的应答。

（一）实现市民终身学习服务能力提高

合理布局教育服务机构，完善教育资源配置模式，强化公共教育服务职能，重点落实服务基层社区和补短板的要求，有计划、有组织地构建起覆盖城乡、公平均等的公共服务体系，完善面向全体市民的教育服务体系。在此基础上，还要根据市民的多样化需求，在课程设置、教学内容、教学方式等方面实施创新，切实提

---

① 国卉男等：《国际学习型城市建设的目标转向与新关注——基于四次学习型城市宣言的文本分析》，载《福建广播电视大学学报》2020 年第 3 期。

高教育服务的针对性、有效性和灵活性。要重点弥补短板,加快改善处于弱势、边缘地位教育形式的发展:如在职人员的继续教育,要发挥政府和企事业单位的主动性和积极性,通过多种方式、多种渠道开展有计划的教育服务,特别注重面向第一线员工的新知识和新技能的教育培训服务;社区教育要以社区居民实际需要为中心创新学习模式,增强包容性和灵活性,扩大人群覆盖面,提升服务能力,巩固社会地位;老年教育要重点发展贴近广大老年人需要的便捷性、针对性和生活性的教育学习服务,增强教育和学习的互动性和体验性,避免过分系统化、专业化和学术化,提高终身教育和终身学习的服务质量。此外,还要在政府跨部门协作的基础上,快速建立政府、社会组织和企业之间的合作关系,以发挥出教育、卫生、艺术与文化、体育和娱乐、社会福利、旅游等部门的资源优势,增强统筹协调能力,加强指导、服务和监管,鼓励规模化、连锁化和品牌化发展,提高服务质量和社会效益。

（二）推进终身学习制度系统建设

在教育强国战略的背景之下,我国学习型城市要形成一套从中央到地方完整的政策架构,通过规范和引导实现健康、可持续地长效发展:一是进一步完善有利于终身学习发展的指标体系,重点加强学生"学会学习"能力的评价引导,加强对继续学习者的多样化需要和针对性、有效性的评价引导,引导解决实践发展中面临的薄弱环节;二是完善对终身教育的管理者、教师等从业者的培训制度,针对不同教育特点设计开发不同教师培训制度,比如对老年教育从业者,要加强专业性培训,提高必要的教育技能;三是建立多种形式的学习认可和奖励制度,在完善学分银行制度的同时,研究开发其他多种形式的激励制度,使各类终身学习更自觉、更有效;四是实施更开放的学习信息发布和指导制度,要通过多种渠道和方式向市民提供全面和完整的学习信息,特别是各类公共图书馆、博物馆、文化馆、社区文化活动中心的学习资源信息,同时提供有效的学习支持;五是进一步完善公共教育资源配置机制、供给机制,建立新型的学习型城市学习资源共享合作伙伴关系,强化政府的统筹协调职能;六是建立市民终身学习能力与需求监测评估制度,建立第三方研究评估系统,以"项目化"确立专业性、可持续的工作机制,进行有效监测和评估。

(三)提高学习型城市建设的科学性

要加强学习型城市指标体系建设,结合"国际学习型城市大会"提出的目标导向,着力分析各大国际组织、国家和地区对于学习型城市指标体系建设情况。从我国自身实际情况与需求出发,构筑科学性强、权威性高、有中国特色的学习型城市指标体系。以指标为抓手,大范围地实施评估与监测,及时把握学习型城市建设的进度和地区差异,以评促建,提升学习型城市建设的效率和效果。在此基础之上,加强与国际组织、其他国家和地区之间的协同合作,进而提升我国在学习型城市建设中的话语权和地位。国际学习型城市大会始终以终身学习、可持续发展为目标原则,以公平、包容为价值取向,以合作、共享为战略方式,推动世界范围内学习型城市的建设和终身学习理念的普及,成为很多国家和区域进行教育改革与发展的重要指导思想。全球疫情蔓延的形式下,提供每个个体终身学习的机会与保障,更是成为不可逆转的时代潮流,而发挥终身教育的社会功能是学习型城市建设的必然要求。为此,其更需要探索和创新学习型城市建设的中国范式和中国经验,将学习型城市建设作为推动城市可持续发展的重要举措,全力打造"人人皆学、时时可学、处处能学"的学习型城市。

第三节　何以作为:基于教育现代化推进学习型城市建设与评价的路径①

要基于现代化视域下学习型城市建设的逻辑考量,以现代化视域下学习型城市建设的道路羁绊,更加科学地构建现代化视域下学习型城市建设、评价的路径。

一、守正创新,完善学习型城市建设的运行机制

实践证明,极具中国特色的学习型城市建设经验,是符合我国不充分、不均衡的发展特点的。基于教育现代化推进学习型城市建设,不能脱离这一基础,而是要结合新理念、新方法,通过变革提升领先城市实践的可持续性,同时扩大经验在全国的实践,实现学习型城市更普遍的发展。

(一)构建多方协调机制,确保实践行动的可持续性

发展建设学习型城市,应动员社会各方积极参与,形成多元主体参与、共建共享的良好局面,实现政策举措的长久、持续性推动。扩大"利益相关"的沟通衔接,开放就是统筹实现各部门、各系统、各领域的学习资源共享,尤其是通过加强各类教育、文化场所和设施的沟通衔接实现社会化,以面向市民提供多种形式的便利学习服务;融合就是统筹实现各部门、各系统、各领域实践工作的衔接,尤其是通过加强理念引领以凝聚共识,以统一全面的宏观规划形成职责、职能、职权清晰、彼此沟通顺畅的体系,推动实践获得最大合力。②首先,政府必须树立支持服务的理念,发挥提

---

① 本节的主要观点已经发表,参见国卉男、吴遵民、韩保磊:《中国学习型城市建设:从国际到本土的嬗越与重构》,载《开放教育研究》2015 年第 6 期。

② 国卉男:《学习型城市治理体系和治理能力现代化建设:理论指南与行动计划》,载《教育发展研究》2021 年第 3 期。

供资源与制度保障的功能。也就是说,政府在政策制定、平台搭建,以及监督和检查等工作中,做好管理与协调非常重要。其次,保障机制的健全也不可或缺。保障机制包括制度保障、人才保障、管理保障、文化保障,如何使其融为一体亦是面临的挑战。再次,终身教育体系的完善也需同步进行。终身教育体系是学习型城市构建的重要基础,也是学习型社会得以实现的重要载体。①因此,如何变革原有封闭的教育体系,整合现有的教育资源,大力发展社区教育,并充分利用现代信息与网络技术,形成包括学习型政府、学习型机关、学习型企业、学习型社区等在内的宏观模式与系统发展的思路,促进城市的整体发展,②以有效的长期规划与持续性投入及保障,推动学习型城市建设的可持续性发展,也是重要挑战。

(二)以普惠优质为核心原则,逐步提高建设成果的覆盖面

扩大学习型城市建设成果的关键在于扩大实践参与和成效辐射的覆盖面。为此,应当将普惠与优质作为未来现代化建设的核心原则,普惠就是要坚持为农村、边远地区等提供学习服务,为城市所有市民提供学习服务,尤其是加强对一般劳动力和弱势群体的学习服务能力,缩小终身学习服务能力的鸿沟;优质就是保障学习质量,尤其是加强对个体认知能力、社会能力、信息能力、持续学习能力等全面素养的服务能力,满足广大学习者的个性化学习需求。教育之间彼此独立、割裂,如学历教育、非学历教育之间,职业教育、普通教育之间,学校教育、校外教育之间,远未形成融合开放的良好格局。

---

① 国卉男等:《学习型城市监测:从国际实践到本土重构》,载《职教论坛》2022年第2期。
② 顾明远等:《学无止境:构建学习型社会研究》,北京师范大学出版社2010年版。

有目的、有步骤、有规划地逐步推进我国学习型城市建设。要让我国学习型城市治理体系和治理能力形成"百花齐放"的局面,关键在于形成多元联动的格局。为此,应当将实效与长效作为未来现代化建设的核心原则,实效就是要突出地方特色,尤其是通过激发地方政府的能动性摸清地方实情、挖掘地方资源、创新地方举措、形成地方特色,以获得实际成效;长效就是要实现有效、可持续的发展机制,尤其是要通过健全管理、监测和服务的体制和机制,充分调动、合理使用资源,提高资源利用效益,提高持续推进学习型城市建设的能力。与此同时,要密切关注中华民族的传统文化传承与中国参与全球化过程中实现自身现代化的社会背景。只有反映民族文化和民族目标,并具有本土化特征的城市才是现实与有生命力的。照搬他国经验,奉行"拿来主义",无视本国的社会、经济及教育的发展背景,注定会使我国学习型城市建设走上歧途。因此,学习型城市建设应该强调与本国政治、经济体制以及文化和教育传统的结合,并在每个发展阶段,做出有目的的规划与设计,逐步实现个体学习权的基本保障。

（三）转换政府职能,发挥制度优势

集中力量办大事是社会主义制度的优越性,而代表最广大人民群众的根本利益是党和政府一切工作的出发点和落脚点。学习型城市建设,作为一项涉及全体公民学习权的系统工程,离不开政府主导作用的发挥与行政力量的推动,更与全体公民的利益密切相关。随着学习型城市建设步伐的不断推进,我国政府的角色也应随之变化。在学习型城市建设过程中,政府应引导市民把关注点从物质享受转到精神层面,从娱乐享受转向自身价值的实现,从被动接受转向自身发展与内在需要的实现。对此,依据我国目前社会与教育的发展状况,政府不仅要注重对学习型城市建设的顶层设计与宏观指导,更为重要的是,要动员每个市民积极参与学习型城市的建设,保障每个市民终身学习的权力并激发其内在潜能,特别要关注妇女、老人、残疾人、务工人员等弱势群体平等的终身学习权。对此,政府需要加快制定相关政策、法律法规,并通过法律手段切实保障市民的终身受教育权;制定相关激励措施,鼓励社会力量参与和社会资金投入;健全管理体制,设置专门机构,培养专门人员,以实现学习型城市建设的规范发展。

二、融通赋能,完善学习型城市的评价体系

基于教育现代化推进学习型城市建设,评价将发挥着更加重大的作用。因此,学习型城市要以融通赋能为核心,推动学习型城市评价体系的完善。

(一)关注实效与长效,把握评价与监测的本土特色

由于不同城市的经济社会发展、文化背景的不同,学习型城市建设监测应因城市而异,应在共性指标下寻求学习型城市建设的差异性、特色性,而非使用传统的"一刀切"的方式进行统一硬性的规定。在监测指标建设中,应关注学习型城市建设亮点特色。例如,上海市学习型城区创建监测调研中关注了特色创建工作,如"市民终身学习体验基地""人文行走项目"等的实际情况,北京市学习型城区建设监测指标在发展性目标中凸显了学校教育对社会的开放、学习成果认定和转化、学习平台建设等。因此,在学习型城市监测指标制定时,在综合监测学习型城市建设情况时,更要通过监测,促使城市提炼特色,挖掘典型,形成发展亮点。

(二)协同多方力量,构建学习型城市评价监测共同体

在科学评估体系构建的基础之上,为赋能指标建设,应积极构建学习型城市监测共同体,教育部职成司《关于开展学习型城市建设监测项目实践的通知(2017年)》要求八个城市(北京、上海、杭州、成都、武汉、长沙、宁波、太原)开展学习型城市建设监测项目,推进我国学习型城市建设。因此基于当前已经形成的建设

基础,应回应政策的需求积极推进城市之间建设学习型城市监测专家库,搭建监测工作信息化交流和服务平台,共享经验教训,博采众长,从而实现从城市到国家学习监测网建设,最终促进学习强国建设。与此同时,应持续提升政府职能建设,学习型城市的发展最终落实到城区、组织等层面,因此需要建立多部门组成的学习型城区(组织)创建协调、指导或促进联席工作小组,能够在各部门之间保持常态化联系是保障学习型城市建设的基础。由于指标设计者对学习型城市建设的实践参与不足,指标自身存在与实践相脱节的问题,导致了部分区县跨部门领导、管理和协调职能趋于弱化、虚化,行政推力不足;企事业单位、社会组织和个人、各级各类学校未深入参与创建工作。因此,为进一步推进学习型城市建设监测,需要:第一,通过完善制度建设,增加监测宣传,广泛收集意见建议,提高学习型城市监测指标本身的公信力和知悉度;第二,形成规范的监测程序和专业的监测团队,确保监测指标的科学、合理;第三,强化区学促(习)办成员单位联络,提升跨部门监测工作人员的沟通与协调力度;第四,鼓励企事业单位、社区等各类组织积极参与学习型城市监测的设计和实施,为指标赋能,从而提高监测指标的适切性和实用性。此外,应推进数据共享机制建设。大数据时代的教育和学习发展,更需要以系统数据与分析为基础,使得干预建立在全面、准确的现状评估基础之上。因此,国家和地区应进一步完善终身教育统计制度,建立动态的学习型城市建设数据库,及时反映学习型城市建设的进度和地区差异,提升学习型城市建设效率和效果。

(三)汲取国内外优秀经验,提高评估体系的科学性

科学、合理的评估体系的建立是学习型城市建设顺利推进的必要保障。这一评估体系是按照一定的价值标准,运用科学的方法,对城市及其成员的学习与教育向度进行价值判断与测量。国

际上关于学习型城市的评价指标,各国、各地区之间大相径庭,例如英国的学习型社会评价指标系根据参与的发展阶段和学习层次等两个维度进行,而经合组织的教育发展指标体系、欧盟的终身学习质量指标体系和终身教育指标评价体系等,都没有包含学习型社会的评估指标,主要通过收集各国现有数据进行比较。我国虽然有学者提出了学习型城市的评估体系,但大多聚焦于硬性条件的指标,忽视了制度、学习主体等软性条件。2013 年 10 月 21 日,联合国教科文组织召开了学习型城市会议,提出了一个全球学习型城市评价指标体系,主要依据三个基本维度,即学习型城市建设的裨益、学习型城市建设的主要支柱和学习型城市建设的基本条件。虽然,这只是一个"初步框架",但对于每个城市提出具有针对性的评价指标体系无疑具有重要的参考与借鉴价值。为此,如何借鉴国际经验,制定出具有本土特色并臻于完善的我国学习型城市绿色指标体系值得关注。

(四)关注学习权保障,提高学习人群的覆盖面

学习型城市建设有利于有教无类理念不断深入人心,在创建学习型城市过程中,作为社会主义国家,应致力于在学习型城市建设中做到不分民族、不分性别、不分地域、不分老幼,每个人都能在学习型城市的体系中接受教育。因此,在学习型城市监测中,应更关注城市是否对弱势群体的学习权益保障有所侧重,为弱势群体提供更为便捷的学习条件、学习资源与学习服务。尽管随着学习型城市建设的推进,终身学习成为学习型城市最基本的特征,但学习型城市的内涵要求将城市在整体上作为一个学习型组织系统来创建。学习型城市建设应是囊括各阶段、各类型的教育,包括学历教育、非学历教育,校内教育、校外教育,青少年教育、成人教育,企业职工教育、社会教育等各方面,因此,在监测中就应考虑到各个不同类型的学习,关注不同场域的学习效果,尤

其是容易被忽视的学习,例如外来企业内部学习、社区学习等。

本章小结①

　　面向教育现代化,学习型城市建设要准确把握时代特征,从宏观和微观层面不断寻求其在实践与理论研究中的实质价值及质量突破,推动形成促进人的全面发展的学习型城市建设新格局。

　　第一,明确现代化的学习型城市的指导理念。一是核心是人的成长与发展。在推行学习型城市建设的过程中虽各自具有不同的目标、方法与理念,但其推动学习型城市建设发展的目的、理解的视角和发展的策略,却有着惊人的相似之处。联合国教科文组织推动学习型城市建设发展的出发点,是着眼于个人人格与人性的发展。经合组织提出在新的社会背景下要继续快速与可持续地发展经济,但其实现的关键则在于人的发展。而欧盟为寻求欧洲一体化,并达到促进欧洲整体发展的目的,其诉求的基础也仍然是通过终身学习以使人的能力得到发展。纵观日、美、英也无不如此。换言之,"人"的成长与持续发展已经成为以上国际组织与发达国家推动学习型城市建设关注的核心问题,落实到国家与地区层面的学习型城市建设政策就应以此为基本的价值取向,才能不偏离学习型城市建设理念的根本。

　　二是建立完善的终身教育体系。无论国际组织还是发达国家都认为,为了应对新世纪的各种挑战,就必须在已有教育制度的基础上,加大教育体制改革的力度,以建立学习型城市建设制

---

　　①　本部分主要观点已经发表,参见国卉男:《当代国际终身教育政策的回顾与展望》,载《外国中小学教育》2013 年第 1 期。

度及体系为政策目标之一,才能在根本上解决社会发展及人的发展的问题。而实现这一目标的关键则是要完善学习型城市建设立法,并依法进行教育体制的改革。

第二,形成现代化的学习型城市的机制建设。一是确立理论研究先行、理论指导实践的政策制定基础。在着手政策制定之际,进行深入而细致的先行理论研究,如仔细厘清终身教育、终身学习、学习型社会、国民教育体系和终身教育体系等一系列涉及终身教育基本概念的理论内涵和本质特征,对于明确政策导向,确立政策制定基础以及具体内容的指向等都具有重要的意义。除此以外,对于实践中出现的一些问题,例如,终身教育推进机构的设立、终身教育专职人员的培养、终身教育设施的创建等也需要政策的明确规定与推进。简言之,为了使制定的政策更加具体和具有可操作性,要力求避免以往的抽象、原则与简约。唯有如此,政策才能更为直接而有效地发挥出具体的指导与推进作用。

二是建立学者建言、民众参与、政府统筹的政策决策机制。为了确立上述理论先行、理论指导实践的政策制定基础,还必须注意改变政策制定过程中行政主导色彩过浓的状况,而着手建立起一个民主开放的,包括学者建言、民众参与、政府统筹在内的多元决策机制。由于学者是先行理论研究的直接参与者,其对终身教育相关理念、国内外终身教育政策的发展趋势与动向均有较为深入的研究和了解,因此倡导学者建言,就可以确立科学的政策制定依据,从而保证政策导向的合理。民众又是终身教育的直接参与者,其对终身教育的认识、理解与要求决定了政策制定的内容、方向与目标,因此建立起一个民众积极参与的政策制定体制,将有助于真正落实对公民终身学习权的保障。至于政策制定说到底是一个政府的行政行为,作为公权力代表的政府,如何使其所制定的政策更加科学有效并符合民意,其过程都离不开政府的组织、策划与统筹。因此形成一个包括学者建言、民众参与和政府统筹在内的政策制定机制实属必要。

三是实现国际经验的本土化，推动终身教育立法化的进程。众所周知，中国终身教育的发展要晚于国际社会近二十年的时间，已经积累了丰富经验的一些先进国家，他们的政策制定理念及目标的达成都可以成为我们的重要参照。但是在学习、借鉴国际社会推动终身教育发展的经验之际，也切实需要避免表面化和形式化的问题，对此就需要国内的理论界在借鉴的过程中进行深入研究、仔细地甄别及透彻地了解，尤其是对于我国的教育传统和实践环境要有明确的把握，由此才能实现"洋为中用"及实现国际化与本土化的有机结合。从当前的国际潮流来看，实现终身教育的立法化也是终身教育发展的必然趋势，因为任何成熟政策的最终归宿与最高体现就是走向立法。就我国而言，虽然已经制定了两部地方性终身教育条例，但是国家层面的立法仍然遥遥无期，加之已有的两部地方条例也是不甚完善、问题多多，因此，如何通过进一步修订，为国家立法积累经验和基础，也是当前需要考虑的紧迫课题。

第三，完善现代化的学习型城市的实践路径。一是立足本土实践，融入国际终身教育理念。顺应现代终身教育的发展趋势，提升本土终身教育理论的研究水平。由于中国本土终身教育理论研究相对滞后，实践中理解的偏差乃至相关政策导向的模糊、立法难以深入的困境已经日渐显现。如上海于2011年制定的《上海市终身教育促进条例》，就因为理论研究的滞后、政策推行的不力，而致使一部地方终身教育条例演变成了职业培训和老年教育的立法。为此，关注国际终身教育的发展动向，借鉴国际社会推行终身教育的成功经验，以加快国内终身教育理论研究的步伐和深度至关重要。需要注意的是，学习和借鉴又必须扎根中国的本土传统与实际，以免水土不服。

二是加大推进我国终身教育政策化的力度。完善政策制定与决策的科学机制，争取早日实现终身教育国家立法。无论是国际组织的倡议，还是日、美、英三国终身教育的具体实践，都凸显出政策制定和立法举措对推动终身教育的巨大保障作用。可以说这是最终落实终身教育思想的一条行之有效且不可或缺的路径。但行之有效的政策必须要有坚实而科学的理论研究作为基础。因此建立民众参与、学者建言及政府统筹协调的政策制定与决策机制，也是一个刻不容缓的重要课题。

三是要尽快建立统管终身教育的独立行政机构，以对终身教育的整体发展进行顶层设计与统一管理。当前尤其需要统筹和整合一切既有资源，为民众提供广泛的终身教育服务，这是构建学习社会的基础。而要实现这一目标需设置专门的独立行政机构以协调管理这一工作。我国现行的教育体制，因为各种历史与社会的原因，使各种教育资源和教育机构之间，因为行政所属或领域的不同，而呈现出相互割裂和利益纷争的局面，要突破这一难题，就必须立足终身教育的理念，建立一个高屋建瓴的并被赋予实权的行政机构进行顶层设计，来统一协调与管理教育资源。从发达国家的实践过程中，可以看到日、美、英三国政府也都设立了专门性的授权机构以贯彻或执行相关政策，有的甚至还设立了专门的咨询机构，以为其提供专门的咨询建议。因此，设置有实权的专门机构是一个必须考虑的重要举措，也是进行教育体制改革的关键问题。

附　件

附表 1　《全国学习型城市建设监测指导性指标体系(试行)》

宏观框架	关键指标	数据填写	信息性质说明
1. 背景性指标	1.1　城市人均 GDP		统计部门数据
	1.2　城镇化率		相关数据
	1.3　城市社区养老服务机构建设情况	在附件 2 填写	民政部门资料
	1.4　社会组织的数量及工作者所占人口比例		民政部门数据
	1.5　新增劳动力平均受教育年限		统计部门数据
	1.6　学前三年毛入园率		教育统计数据
	1.7　义务教育辍学率		教育统计数据
	1.8　高中阶段教育入学率		教育统计数据
	1.9　高等教育毛入学率		教育统计数据
	1.10　城市公共教育经费支出占 GDP 的比例		财政部门统计数据
	1.11　全市市民人均教育、文化消费支出数		统计部门数据

（续表）

宏观框架	关键指标	数据填写	信息性质说明
2. 基础性指标	2.1　市委市政府将学习型城市建设列入当地经济社会发展规划。	附件2	市委市政府出台的相应文件或主要领导相关报告、讲话；市委市政府主要领导出席学习型城市重要活动的照片及资料等。填写相关报告、讲话题目及时间。
	2.2　对学习型城市建设工作广泛宣传。	附件2	各种宣传资料、各类网站、会议、讲座和其他宣传活动的记载与统计数据，列出年度时间
	2.3　建有多部门共同参与的推进学习型城市建设的领导、管理和组织机构。	附件2	列出名称和成立时间。有工作部署相关文件
	2.4　建有推进学习型城市建设工作指导服务机构。	附件2	列出名称、成立时间和主要工作
	2.5　颁布了有关促进终身学习的条例或指导性政策文件。	附件2	列出法规、文件名称和年度时间
	2.6　建立了学习型城市建设评价、督导、激励等相关制度。	附件2	评价、监测、督导制度文件及组织成员名单；活动记录。
	2.7　职业教育经费占城市教育费附加的百分比		财政部门统计数据
	2.8　用于城乡社区教育的经费占城市公共教育经费的百分比		财政部门统计数据
	2.9　企事业单位职工教育和培训情况		相关成人继续教育统计数据
	2.10　城乡居民社区教育年参与情况		相关成人继续教育统计数据

（续表）

宏观框架	关键指标	数据填写	信息性质说明
2. 基础性指标	2.11　社区老年教育发展情况		相关成人继续教育统计数据
	2.12　新型职业农民培训情况		相关成人继续教育统计数据
	2.13　对农民工、失业者、低技能者、残疾人等弱势群体的学习支持		相关政策、文件及实施情况
	2.14　建立健全区（市、县）—街（镇、乡）—居（村、社）社区教育培训学校（中心）三级社区教育网络，社区老年教育体系		社区教育网络图示；相关成人继续教育统计数据
	2.15　每百万人拥有公共图书量；每百万人拥有文化（艺术）馆、博物馆、科技馆数量及其参观人次；资源共享情况		统计部门数据
	2.16　平均每万名城市居民拥有专用社区学习场所面积		相关成人继续教育统计数据；用于社区居民教育培训的场地面积/人口数（指常住人口）
	2.17　社区教育专职队伍总人数占常住人口中的万人占比；社区志愿者队伍的总人数占常住人口的万人占比		教育部门统计数据
	2.18　举办全民终身学习活动周情况；培育学习品牌数量。	附件2	相关政策、文件及开展情况
	2.19　近五年学习型区（县）、街道（乡镇）及学习型社区（新村）等学习型区域创建率、评估认定率	附件2	相关文件名称、内容、时间；各部门对创建各类区域学习型组织的评估、表彰率，相关数据
	2.20　近五年学习型机关、企业、事业单位、学校及社会组织等法人单位学习型组织的建设和评价标准；评估表彰率	附件2	相关文件名称、内容、时间。相关数据（注明各年度授予各类学习型组织称号；企业只限中等规模以上企业）

（续表）

宏观框架	关键指标	数据填写	信息性质说明
3. 发展性指标	3.1 职业院校年度校均开展继续教育培训人天数		相关成人继续教育统计数据
	3.2 城市普通高等学校年度校均面向企业、社区居民开展继续教育培训人天数		相关成人继续教育统计数据
	3.3 残疾儿童（包括聋哑、智障、肢体残疾等）入学率		教育统计数据
	3.4 各级各类学校面向社会开放比例		教育统计数据（公办和民办义务教育至高中阶段教育学校）
	3.5 人均阅读量（按人均几本纸质书和学习强国积分）		相关数据
	3.6 探索建立学分积累、转换和认证制度，促进不同类型学习成果互认和衔接。	附件2	相关政策、文件及进展情况
	3.7 市、区二级市民学习网建设水平。（课程门数，资源数量，学时量，网站点击量）		相关数据
	3.8 近五年各部门创建各类学习型组织所取得的经验做法及特色亮点	附件2	相关材料
	3.9 近五年各类法人单位对创建各类学习型组织所取得的经验做法及特色亮点	附件2	相关材料
4. 特色性指标	4.1 在学习型城市建设法规、制度、体制、机制等方面创新与发展的典型案例、创新项目及相关理论研究与实践成果	附件2	相关文件、资料和经验案例及研究成果材料，并注明年度时间
	4.2 近五年来城市获得国际、国家、有关部委的荣誉称号	附件2	相关文件或奖牌、证书

附表 2 《北京市学习型城区建设监测指导性指标体系(试行)》

指标类型	关键指标	数据填写	信息性质说明
1. 背景性指标	1.1 人均 GDP		统计部门数据
	1.2 社区养老服务机构和设施数		民政部门资料
	1.3 每万人拥有社会组织数量(个)		民政部门数据
	1.4 每万人年专利授权量		统计部门数据
	1.5 新增劳动力平均受教育年限		统计部门数据
	1.6 城镇登记失业人员就业率		统计部门数据
	1.7 公共教育经费支出占 GDP 的比例		财政部门统计数据
	1.8 人均教育、文化消费支出数		统计部门数据
	1.9 万元 GDP 能耗		统计部门数据
	1.10 人均公园绿地面积增长率		统计部门数据
2. 基础性指标	2.1 区委区政府将学习型城区建设列入当地经济社会发展规划	附件 2	区委区政府出台的相应文件或主要领导相关报告、讲话
	2.2 对学习型城区建设工作广泛宣传	附件 2	各类媒体、网站、会议、讲座和其他宣传活动的记载
	2.3 建有多部门共同参与的推进学习型城区建设的领导、管理和组织机制	附件 2	列出名称、成立时间;工作部署等相关文件
	2.4 建有推进学习型城区建设工作指导服务机构	附件 2	列出名称、成立时间和主要开展的工作
	2.5 建立了学习型城区建设评价、督导、激励等相关制度	附件 2	评估、监测、督导制度等文件及其实施情况

指标类型	关键指标	数据填写	信息性质说明
2. 基础性指标	2.6 学前三年毛入园率		教育部门统计数据
	2.7 高中阶段教育入学率		教育部门统计数据
	2.8 规模以上企业员工培训参与率		相关成人继续教育统计数据
	2.9 对农民工、失业者、低技能者、残疾人等弱势群体开展教育培训的情况	报告	相关政策、文件及实施情况
	2.10 老年教育开展情况	附件2	相关政策、文件及实施情况(含老年大学、老年教育学校、分校、教学点数量等三级网络情况;老年教育培训数量;养教结合开展情况)
	2.11 家庭教育开展情况	报告	相关政策、文件及实施情况
	2.12 城乡居民社区教育年参与率		相关成人继续教育统计数据
	2.13 人均城乡社区教育经费		近三年,分年度统计数据
	2.14 平均每万名城乡居民拥有社区学习场所面积		相关成人继续教育统计数据(三级社区教育机构用于社区教育培训、学习的场地面积/常住人口数)
	2.15 社区教育专职管理、教学、学习指导师队伍总人数占常住人口的万人比		教育部门统计数据
	2.16 终身学习活动周举办的活动数量和覆盖面;举办社区、市民主题教育活动数量	报告	相关活动开展情况
	2.17 已培育、认定的市、区学习品牌数量和学习之星数量		市、区二级分别的统计数据
	2.18 已培育、认定的市民终身学习示范基地、职工继续教育基地		市、区二级基地数量和培训人次

（续表）

指标类型	关键指标	数据填写	信息性质说明
2. 基础性指标	2.19　示范性成人学校建设、新型职业农民培训基地数量		市、区二级基地数量和培训人次
	2.20　近三年学习型街道（乡镇）及学习型社区（新村）等区域性学习型组织建设情况	报告	相关文件；评估、认定数量及认定率
	2.21　近三年学习型机关、企业、事业单位、学校及社会组织等单位性学习型组织建设情况	报告	相关文件；评估、认定数量及认定率
3. 发展性指标	3.1　普通教育学校服务社会、社区情况	附件2	资源开放情况；服务社会、社区形式和成效
	3.2　区域内职业院校年度校均开展继续教育培训、社区教育人天数		教育统计数据及相关材料
	3.3　推动高等学校服务区域发展的情况	报告	本辖区高校数量及服务社区教育、全民学习的活动内容、数量和人次
	3.4　区级市民学习平台与网络建设水平		相关数据（学习平台与网站数量、课程门数，资源数量，学时量，网站点击量）
	3.5　探索建立学分积累与转换，促进不同类型学习成果互认和衔接	附件2	相关政策、文件及进展情况
	3.6　全民阅读推动与发展情况	报告	相关数据与报告（含街道图书馆（室）、社区书屋、农家书屋、职工书屋的数量）
	3.7　开展示范性学习型社区建设情况	附件2	相关文件、材料
	3.8　开展示范性学习型组织、学习型社团建设情况	附件2	相关文件、材料

（续表）

指标类型	关键指标	数据填写	信息性质说明
4. 特色性指标	4.1 学习型城区建设有效服务、助推区域发展战略和中心工作	附件2	相关文件、资料和经验案例（研究成果）材料，并注明年度时间
	4.2 在推进学习型城区建设的体制、机制等方面有创新	附件2	相关文件、资料和经验案例（研究成果）材料，并注明年度时间
	4.3 在培育示范性、创新性项目以及品牌建设方面成绩突出	附件2	相关文件、资料和经验案例（研究成果）材料，并注明年度时间
	4.4 近五年来城区获得与学习型城区有关的市级以上的荣誉称号	附件2	相关文件或奖项、证书

注：1）指标体系中共包含4大类，43项指标；
   2）已参评北京市建设学习型城市示范区的区，将在4.3、4.4中得到加分。

附表3 《上海市学习型城区建设监测指标（2021年版）》

一级指标	二级指标	三级指标	监测点
1. 建立领导和管理制度	1.1 确立党政主导、多部门参与的学习型城区建设领导机制【对象：区学促委】	1.1.1 确立区跨部门沟通、协商的领导机构和制度	● 建立与市级学促委基本一致的区级领导架构 ● 明确领导机构各成员单位的职责分工 ● 定期召开区学促委大会 ● 围绕专门任务或项目，确立由各成员单位参加的工作小组或联席会议制度
		1.1.2 发挥领导机构的统筹规划、组织协调、指导督察的职能	● 发挥区学促委大会、工作小组或联席会议的决策、统筹和监督职能 ● 每年确立建设主题或重点工作 ● 确立重大事项、会议和决策的记录制度

一级指标	二级指标	三级指标	监测点
1. 建立领导和管理制度	1.2 确立学习型城区建设的管理服务制度【对象：区学习办、社区学院】	1.2.1 成立由区学习办牵头的管理机构	● 管理机构日常运行、项目管理、活动组织的财政经费和人员配备的保障情况 ● 管理机构主要负责人由区教育行政部门副处级以上的领导担任
		1.2.2 发挥管理机构和社区学院的服务职能	● 管理机构承担计划制定、文件编制、项目策划、组织协调、督查评估、调查研究等服务职能 ● 社区学院在学习型城区建设中发挥专业引领和业务指导作用
2. 制定规划和计划	2.1 学习型城区建设工作纳入城区整体发展规划【对象：区委、区政府】	2.1.1 建设目标或任务纳入城区社会经济发展规划	● 区中长期社会经济发展规划文件，包含学习型城区建设目标或任务条目 ● 区政府年度工作计划或主要领导的公开讲话，包含学习型城区建设工作的内容
		2.1.2 建设目标或任务纳入成员单位的部门规划或计划	● 成员单位的部门年度规划或计划，包含学习型城区建设的目标或任务 ● 成员单位确立学习型城区建设计划和目标的落实机制
	2.2 制定学习型城区建设的专项规划和计划【对象：区学促委各成员单位】	2.2.1 专项规划回应上级部门的有关工作要求，服务城区发展的整体目标	● 以区学促委或学习办名义颁布学习型城区建设工作的专项规划或计划文件 ● 专项规划或计划回应上级部门对学习型社会（城市）的建设要求，服务本城区社会经济发展的中心工作
		2.2.2 专项规划或计划有明确的目标和任务	● 专项规划明确了目标、任务、分工、重点项目、保障措施等内容 ● 各年度的专项计划或重点任务体现连续性和发展性

一级指标	二级指标	三级指标	监测点
3. 提供资源保障	3.1 健全经费投入和管理机制【对象：区财政局】	3.1.1 确立多渠道经费投入机制	● 各成员单位设立学习型城区建设专项经费，并纳入财政预算；根据城区人口变化、事业发展和财政经费总量等因素，确保专项经费投入的可持续性 ● 企事业单位落实政策和法律规定的一线职工的教育培训经费
		3.1.2 建立专项经费规范、有效使用的管理机制	● 建立专项经费使用的规范性审查机制 ● 建立专项经费使用的绩效评价机制
	3.2 共建共享学习资源，扩大教育服务供给【对象：区学促委各成员单位】	3.2.1 多部门参与终身学习资源建设和服务供给	● 学校、机关、企事业单位和社会团体为市民提供特色化市民学习资源 ● 博物馆、科技馆、美术馆、文化馆、体育馆、医疗机构、社区家庭文明建设指导中心、养老服务机构等公共服务设施为市民提供教育服务及参与学习资源建设 ● 社会教育培训机构为市民提供公益性教育服务及参与学习资源建设 ● 科技园区、行业协会的职工继续教育平台的建设情况
		3.2.2 确保终身学习资源和服务的有效利用	● 建立科学有效的终身学习资源分类体系、资源目录和配送渠道 ● 市民对城区各类终身学习资源和服务项目的知晓度、参与度、满意度和获得感

附　件

（续表）

一级指标	二级指标	三级指标	监测点
3. 提供资源保障	3.3　终身教育师资队伍建设情况【对象:区学促委各成员单位】	3.3.1　终身教育师资的规模保障	● 建立健全终身教育机构的师资配置标准 ● 党校、妇联、总工会、企业培训中心等终身教育机构的师资配置情况 ● 终身教育师资信息管理对接市终身教育师资中心信息库
		3.3.2　终身教育师资的能力提升	● 制定、落实终身教育从业人员标准 ● 建立终身教育专职教师的培训体系、继续教育制度和职业发展通道 ● 建立终身教育兼职、志愿者师资的分层、分类管理和培训体系
4. 扩大终身学习机会	4.1　市民终身学习环境和条件的改善情况【对象:各类学习机构、场所】	4.1.1　优化终身教育设施的空间布局	● 社区教育办学网络[社区学院、老年大学、社区(老年)学校、居村学习点等]的覆盖面和便捷度 ● 终身教育社会学习点、养教结合学习点、邻里中心学习空间等建设情况 ● 各街镇至少建设一所独立运作的终身教育机构 ● 市级和区级"人文行走"学习点、终身学习体验基地等市民学习场所的建设情况 ● 依托各类园区、楼宇企业、商区商家等公共场所,建立灵活、多样的市民学习空间
		4.1.2　推动各类终身教育机构的优质发展	● 终身教育机构的标准化建设的达标情况 ● 终身教育机构建立教育服务的质量保障机制

227

一级指标	二级指标	三级指标	监测点
4.扩大终身学习机会	4.2 为各类人群提供终身学习服务【对象：各类学习机构、场所】	4.2.1 面向各类市民提供多样化教育服务	● 为各类社区人群的学习需求（党员及公务员学习、青少年校外教育、家庭教育指导、老年人群学习、外来务工人员教育培训、新型职业农民培训、在岗人员职业培训、从业人员业余学习、外籍居民的融合教育等）提供服务 ● 学习内容服务市民生活质量改善、综合素养提升、社区治理及可持续发展
		4.2.2 为特殊人群提供个性化教育服务	● 动态掌握残障、失业、低技能、刑满释放等特殊人群的学习需求 ● 为社区各类特殊人群提供教育和职业技能培训服务
	4.3 提供数字化智能化的学习支持服务【对象：各类学习机构、场所】	4.3.1 加强终身教育信息化基础设施建设	● 建立多样化在线学习平台，整合各行业学习资源和学习信息为市民提供服务 ● 市民在线学习课程的开发、使用情况 ● 提供市民在线学习支持，着力消除"数字鸿沟" ● 市民在线学习资源的注册用户数及个人学习账户数
		4.3.2 利用数字技术创新终身学习服务	● 互联网企业和新媒体参与学习资源的开发和供给 ● 数字化学习产品、形态以及应用场景的建设情况 ● 利用信息技术记录市民个人学习轨迹

一级指标	二级指标	三级指标	监测点
5.营造终身学习氛围	5.1　组织开展市民学习活动【对象:区学促委成员单位】	5.1.1　成员单位共同组织各类市民学习活动	● 成员单位参与、组织全区性市民学习活动（包括全民终身学习活动周、市民诗歌节、科技节、艺术节、上海读书节、"全民阅读"活动、旅游节、民俗文化节、上海市民家庭教育宣传周、家庭文化节等特色市民学习活动） ● 学习活动的形式不断创新，人群覆盖面不断扩大
		5.1.2　建立和创新终身学习的激励制度	● 对积极参与终身学习活动或学有所成的个人、各类学习型组织实行奖励或授予荣誉 ● 对积极支持城区终身教育发展、贡献突出的个人、组织、机构或部门实行奖励或授予荣誉
	5.2　形成学习活动的特色和品牌【对象:区学促委成员单位】	5.2.1　形成各级各类终身学习品牌	● 建设多元化终身学习品牌，品牌影响力不断扩大（包括学习项目获奖、学习品牌授予、本区学习资源纳入市级资源建设等） ● 推进跨部门的终身学习品牌建设
		5.2.2　加强学习型城区建设研究，开展建设经验的交流互鉴	● 实施学习型城区建设的研究项目，形成一批相关研究成果 ● 主办、承办或参加国际性、全国性、长三角地区的学习型社会建设主题性论坛 ● 与其他城区、城市开展终身教育领域的项目合作 ● 利用各类媒体发布、传播学习型城区建设的信息、成果和经验

（续表）

一级指标	二级指标	三级指标	监测点
5. 营造终身学习氛围	5.3 推进学习型组织建设【对象：区学促委成员单位】	5.3.1 学习型街（镇）的内涵发展不断深入	● 学习型街（镇）的均衡发展（包括各街镇的人均终身教育经费、15 分钟学习服务圈建设、终身教育资源配送机制、社区教育城乡一体化发展等） ● 学习型街（镇）的特色发展（包括街镇学习品牌项目、学习型街镇建设的体制机制创新、终身教育服务社区治理的实践案例等）
		5.3.2 多元学习组织的活跃度不断提升	● 建立各类学习型组织的建设标准和激励机制 ● 扶持和培育各类基层学习团队（比如：学习型科室、学习型班组、学习型楼宇、各种社区学习团队等）建设、发展的情况 ● 开展学习团队骨干培训的情况
6. 建立督查评价制度	6.1 建立学习型城区建设的督查制度【对象：区学习办】	6.1.1 建设工作纳入区政府有关部门和机构的督查体系	● 将成员单位、管理部门和教育机构对终身教育政策执行的督查工作列入相关文件，纳入目标管理 ● 建立督查工作的落实机制，实行过程性监督和绩效评估制度
		6.1.2 建立督查工作的报告制度	● 自我督查报告和上级督查报告相结合 ● 督查结果及时向社会公开
	6.2 建立学习型城区建设的监测、评价制度【对象：区学习办】	6.2.1 健全建设工作的统计制度	● 建立科学、系统的建设工作统计指标和数据采集制度 ● 各成员单位的建设工作纳入学习型城区建设的统计制度 ● 建立学习型城区建设统计的分析报告和发布制度

一级指标	二级指标	三级指标	监测点
6.建立督查评价制度	6.2　建立学习型城区建设的监测、评价制度【对象：区学习办】	6.2.2　确立建设工作的常态化调查、监测、评估项目和平台	● 开展市民基本素养(科学素养、健康素养、信息素养等)、终身学习需求、终身学习服务满意度等调查,发布相关调查报告 ● 通过多种手段(专家评价、同行评价、学习者评价等),定期采集学习项目、学习活动、学习组织(团队)、教育机构、学习场所等方面的监测数据,建立相应的档案资料和数据库 ● 建立监测评价结果的反馈机制

参 考 文 献

中文参考文献

1.《中共中央关于全面深化改革若干重大问题的决定》,载中华人民共和国中央人民政府网,http://www.gov.cn/jrzg/2013-11/15/content_2528179.htm。

2.《长江三角洲区域一体化发展规划纲要》,载中华人民共和国中央人民政府网,http://www.gov.cn/zhengce/2019-12/01/content_5457442.htm。

3.《中共中央、国务院印发〈中国教育现代化 2035〉》,载中华人民共和国中央人民政府网,https://www.gov.cn/zhengce/2019-02/23/content_5367987.htm。

4.《习近平:高举中国特色社会主义伟大旗帜　为全面建设社会主义现代化国家而团结奋斗——在中国共产党第二十次全国代表大会上的报告》,载中华人民共和国中央人民政府网,https://www.gov.cn/xinwen/2022-10/25/content_5721685.htm。

5. 庄俭:《发展终身教育推进学习型社会建设》,载《继续教育》2012 年第 11 期。

6. 朱敏等:《终身教育、终身学习与学习型社会的全球发展回溯与未来思考》,载《开放教育研究》2014 年第 1 期。

7. 周素萍等:《学习型城市评价指标体系的建立及应用研究》,载《开放教育研究》2014年第4期。

8. 钟书华:《创新集群:概念、特征及理论意义》,载《科学学研究》2008年第1期。

9.《教育部等七部门印发关于推进学习型城市建设的意见》,载中华人民共和国教育部网,http://www.moe.gov.cn/jyb_xwfb/gzdt_gzdt/s5987/201409/t20140915_174940.html。

10. 教育部职成司:《关于开展学习型城市建设监测项目实践的通知》,载中国成人教育协会网,https://www.caea.org.cn/newsinfo/1839346.html。

11.《杭州市人民政府关于推进学习型城市建设的若干意见》,载 杭 州 网,https://hznews.hangzhou.com.cn/xinzheng/swwj/content/2011-01/06/content_3579650.htm。

12. 郑金波:《学习型城市理论初探》,载《大连大学学报》2003年第3期。

13. 赵华等:《面向现代化的新时代学习型城市建设的国际视野与国内经验》,载《教育与职业》2021年第21期。

14. 张志勇等:《中国式教育现代化道路刍议》,载《教育研究》2022年第10期。

15. 张永等:《新世纪中国成人教育发展的成就、挑战与路向——基于UNESCO学习型城市六大支柱的视角》,载《开放教育研究》2013年第5期。

16. 张伟远等:《互联网时代继续教育在学习型城市建设中的定位与作用》,载《中国远程教育》2019年第2期。

17. 张敏等:《杭州学习型城市发展评价:基于UNESCO的框架分析》,载《浙江社会科学》2015年第9期。

18. 张惠:《教育现代化概念新解》,载《上海教育科研》2017年第 5 期。

19. 张翠珠:《追寻学习型城市建设路径:北京模式的探索》,载《开放学习研究》2017 年第 2 期。

20. 苑大勇等:《从中国北京到韩国延寿:联合国教科文组织学习型城市的传承与创新》,载《开放学习研究》2022 年第 1 期。

21. 袁雯:《为了每个市民的终身发展——上海建设学习型城市的探索》,载《开放教育研究》2013 年第 4 期。

22. 袁利平等:《面向 2035 的中国高等教育现代化发展图景及其实现》,载《大学教育科学》2021 年第 3 期。

23. 喻聪舟等:《七十年来我国教育政策中教育现代化定位变迁的趋势及启示》,载《教育科学研究》2020 年第 6 期。

24. 殷丙山等:《互联网＋学习型城市建设:北京行动与反思》,载《开放学习研究》2019 年第 1 期。

25. 叶忠海:《学习型城市若干基本理论问题的研究》,载《湖南师范大学教育科学学报》2003 年第 5 期。

26. 叶忠海:《创建学习型城市的理论和实践》,上海三联书店2005 年版。

27. 叶忠海等:《中国学习型城市建设十年:历程、特点与规律性》,载《开放教育研究》2013 年第 4 期。

28. 叶明:《努力建设学习型城市》,载《思想政治工作研究》2005 年第 9 期。

29. 杨小微:《教育现代化评价之核心指标三问》,载《教育科学研究》2015 年第 7 期。

30. 杨树雨:《中国教育现代化促建学习大国——学习〈中国教育现代化 2035〉和〈实施方案〉的思考》,载《北京宣武红旗业余大学学报》2019 年第 2 期。

31. 杨树雨:《学习型大国的奋进姿态》,载《中国教育报》2022

年 10 月 20 日,第 9 版。

32. 杨树雨:《北京市学习型城市建设实践与发展探讨》,载《北京宣武红旗业余大学学报》2017 年第 1 期。

33. 杨平等:《上海社区学校建制研究》,载《职教论坛》2013 年第 15 期。

34. 闫彦等:《把杭州建设成为适应时代要求的学习型城市》,载《职业技术教育》2003 年第 16 期。

35. 徐小洲等:《学习型城市建设:国际组织的理念与行动反思》,载《教育研究》2014 年第 11 期。

36. 徐文清:《新时代成人高校推进学习型社会建设的路径研究》,载《职教论坛》2019 年第 10 期。

37. 徐莉等:《终身教育与教育治理在教育现代化中的逻辑联系——实现中国教育现代化 2035 的思考》,载《中国电化教育》2020 年第 1 期。

38. 谢绍熺等:《地方教育现代化监测评价指标体系及实践研究》,载《教育发展研究》2015 年第 1 期。

39. 肖锋:《杭州社区教育发展报告(1989—2009)》,浙江科学技术出版社 2009 年版。

40. 肖菲等:《社会治理理论视域下国际学习型城市建设的比较研究》,江西人民出版社 2018 年版。

41. 吴耀宏等:《西部学习型城市建设绩效评价研究》,载《科技管理研究》2007 年第 9 期。

42. 吴亚婕等:《学习让城市更美好:全球 12 座学习型城市的实践》,载《开放学习研究》2016 年第 3 期。

43. 邬志辉:《乡村教育现代化三问》,载《教育发展研究》2015 年第 1 期。

44. 魏守华等:《产业集群:新型区域经济发展理论》,载《经济经纬》2002 年第 2 期。

45. 王志强：《教育现代化理论：嬗变与思考》，载《国家教育行政学院学报》2013 年第 10 期。

46. 王元等：《芬兰艾斯堡学习型城市建设与启示——基于UNESCO 框架分析》，载《成人教育》2019 年第 10 期。

47. 田正平等：《教育制度变迁与中国教育现代化进程》，载《华东师范大学学报（教育科学版）》2002 年第 1 期。

48. 滕珺等：《世界教育现代化的历史逻辑、现实挑战与中国方案》，载《现代远程教育研究》2023 年第 4 期。

49. 汤晓蒙等：《中国终身教育国家战略的演进、内涵与实现》，载《终身教育研究》2022 年第 1 期。

50. 檀传宝：《论公民教育是全部教育的转型——公民教育意义的现代化视角分析》，载《安徽师范大学学报（人文社会科学版）》2010 年第 5 期。

51. 孙善学：《北京市学习型城市建设历程、特征及趋势研究》，载《经济与管理研究》2014 年第 7 期。

52. 孙其昂：《学习型城市的实践和诉求——以常州市为例》，载《马克思主义与现实》2004 年第 2 期。

53. 史枫：《从评估到监测：北京学习型城市面向未来的转型与变革》，载《终身教育研究》2020 年第 3 期。

54. 史枫等：《北京建设可持续发展学习型城市：行动、模式与展望》，载《开放学习研究》2018 年第 3 期。

55. 时龙等：《北京建设学习型城市的理论与实践探索》，载《成人教育》2009 年第 9 期。

56. 上海市学习型社会建设服务指导中心、上海市学习型社会建设与终身教育促进委员会办公室：《上海学习型社会建设(2021)》，上海人民出版社 2022 年版。

57. 上海市教育委员会:《大力发展成人教育把上海建成适应时代要求的学习型城市》,载《中国职业技术教育》2001 年第 7 期。

58. 上海教育现代化研究项目组:《上海教育现代化 2035 战略图景研究》,上海人民出版社 2019 年版。

59. 秦玉友:《中国式教育现代化的内涵分析与战略设计》,载《教育发展研究》2023 年第 3 期。

60. 秦建平等:《教育治理现代化及其监测评价研究》,载《中国教育学刊》2016 年第 12 期。

61. 齐亚丽:《我国学分银行建设的现状、困境及对策建议》,载《教育与职业》2019 年第 6 期。

62. 欧阳忠明等:《国际学习型城市建设研究:历程、现状与思考》,载《现代远距离教育》2016 年第 4 期。

63. 诺曼·朗沃斯等:《反思与创新:学习型城市理念演进及未来》,载《开放学习研究》2017 年第 2 期。

64. 联合国教科文组织第四届国际学习型城市大会:《麦德林宣言:学习型城市促进包容(中文版)》,朱敏译,载《终身教育研究》2019 年第 6 期。

65. 熊建辉等:《迈向全纳、公平、有质量的教育和全民终身学习——〈教育 2030 行动框架〉之总体目标和策略方法》,载《世界教育信息》2016 年第 1 期。

66. 陆仁:《"融合发展"的本质是"共建共享共赢"》,载《宁波晚报》2023 年 3 月 2 日,第 8 版。

67. 卢健等:《Web 地图热力图原理及应用》,载《科技创新与应用》2019 年第 35 期。

68. 刘昌亚:《加快推进教育现代化　开启建设教育强国新征程——〈中国教育现代化 2035〉解读》,载《教育研究》2019 年第 11 期。

69. 刘宝存等:《中国式教育现代化:本质、挑战与路径》,载《中国远程教育》2023 年第 1 期。

70. 梁婉雅等:《中国式教育现代化:发展脉络、主要特征与新议题——基于改革开放以来党代会报告教育内容的分析》,载《西南大学学报(社会科学版)》2023 年第 4 期。

71. 李彦等:《学习型城市建设评价指标体系的设计思考》,载《天津职业院校联合学报》2019 年第 4 期。

72. 李伟涛:《教育现代化监测评价研究:一个制度分析框架》,载《教育发展研究》2015 年第 1 期。

73. 李琼等:《建设高素质专业化创新型教师队伍——基于〈中国教育现代化 2035〉的政策解读》,载《中国电化教育》2020 年第 1 期。

74. 李洁等:《关注城市社区发展构建学习型社区》,载《成人教育》2003 年第 12 期。

75.《教育部等七部门关于推进学习型城市建设的意见》,载中华人民共和国教育部政府门户网,http://www.moe.gov.cn/srcsite/A07/zcs_cxsh/201409/t20140904_174804.html。

76.《学习型社会建设重点任务》,载中华人民共和国教育部政府门户网,http://www.moe.gov.cn/srcsite/A07/zcs_cxsh/202309/t20230914_1080240.html。

77. 蒋亦璐:《学习型城市建设:理之源与行之路的探索》,华东师范大学 2016 年博士学位论文。

78. 蒋亦璐:《试析全球视野下学习型城市实践基本走向》,载《比较教育研究》2017 年第 8 期。

79. 蒋亦璐:《学习型城市及其相关概念辨析》,载《职教论坛》2017 年第 3 期。

80. 蒋红:《促进人人、时时、处处的泛在学习——上海开放大学服务学习型城市建设的实践探索》,载《开放教育研究》2014 年第 4 期。

81. 首届国际学习型城市大会:《建设学习型城市北京宣言:全民终身学习:城市的包容、繁荣与可持续发展》,载《职业技术教育》2013 年第 33 期。

82. 黄健:《墨西哥城声明:建设可持续发展的学习型城市》,载《世界教育信息》2016 年第 9 期。

83. 胡中锋等:《中国式教育现代化的内涵与特征》,载《苏州大学学报(教育科学版)》2023 年第 1 期。

84. 胡鞍钢等:《中国式教育现代化与教育强国之路》,载《新疆师范大学学报(哲学社会科学版)》2023 年第 1 期。

85.《关于杭州市构建终身教育体系建设学习型城市的实施意见》,载杭州市人民政府网,http://www.hangzhou.gov.cn/art/2003/2/25/art_809357_2072.html。

86. 韩民等:《面向人人、开放灵活的教育体系和学习型社会建设——"构建服务全民终身学习的教育体系"笔会系列二》,载《终身教育研究》2020 年第 3 期。

87. 国卉男:《学习型城市治理体系和治理能力现代化建设:理论指南与行动计划》,载《教育发展研究》2021 年第 3 期。

88. 国卉男等:《学习型组织的理论演进与实践探索》,载《当代职业教育》2022 年第 6 期。

89. 国卉男等:《中国学习型城市建设:从国际到本土的嬗越与重构》,载《开放教育研究》2015 年第 6 期。

90. 国卉男等:《学习型城市监测:从国际实践到本土重构》,载《职教论坛》2022 年第 2 期。

91. 顾明远:《试论教育现代化的基本特征》,载《教育研究》2012 年第 9 期。

92. 顾明远等：《学无止境：构建学习型社会研究》，北京师范大学出版社 2010 年版。

93. 顾凤佳等：《国际学习型城市评价指标比较：反思与展望》，载《开放教育研究》2019 年第 6 期。

94. 高志敏等：《帕提农神庙·学习型城市——UNESCO 全球学习型城市评价指标体系解读》，载《教育发展研究》2013 年第 11 期。

95. 高书国：《中国式教育现代化的历史逻辑、内在品质和未来向路——教育高质量发展支撑中国式现代化》，载《中国远程教育》2023 年第 4 期。

96. 董焱等：《教育现代化发展评价指标体系研究》，载《教育发展研究》2012 年第 21 期。

97. 丁勇：《我国特殊教育现代化的发展趋势和特点》，载《中国特殊教育》2017 年第 2 期。

98. 邓翔沣：《成都荣膺 2019 年联合国教科文组织学习型城市奖》，载川观新闻网 2019 年 2 月 1 日，https://cbgc.scol.com.cn/city/117475。

99. 褚宏启：《教育现代化的本质与评价——我们需要什么样的教育现代化》，载《教育研究》2013 年第 11 期。

100. 程豪等：《反思与突破：学习型城市建设的高质量发展》，载《开放教育研究》2021 年第 2 期。

101.《成都市中长期教育改革和发展规划纲要（2010—2020年）》，载成都市委、市政府网，https://www.sc.gov.cn/10462/10464/10465/10595/2011/4/19/10158312.shtml。

102.《成都市教育事业发展"十三五"规划》，载成都市教育局网，http://edu.chengdu.gov.cn/cdedu/c116759/2016-12/29/content_746559ad9dde4fdc89e9113feba48484.shtml。

103.《成都市获 2019 年联合国教科文组织学习型城市奖》，载中华人民共和国教育部政府门户网，http://www.moe.gov.cn/jyb_xwfb/gzdt_gzdt/s5987/201902/t20190225_371023.html。

104. 陈友华：《学习型城市建设评价指标体系研究》，载《南京社会科学》2004 年第 9 期。

105. 陈乃林：《国际视野下学习型城市建设的中国特色探析——以中国四个国际获奖的学习型城市为样本》，载《广州城市职业学院学报》2022 年第 5 期。

106. 陈乃林等：《在习近平科学方法论指导下的社区教育治理创新》，载《高等继续教育学报》2018 年第 1 期。

107. 陈琳等：《以信息化带动教育现代化路径探析》，载《教育研究》2013 年第 11 期。

108. 曹力铁：《建设学习型党组织是建设学习型城市的核心》，载《杭州（下旬刊）》2010 年第 5 期。

109.《北京市学习型城市建设行动计划（2016—2020 年）》，载中华人民共和国教育部政府门户网，http://www.moe.gov.cn/jyb_xwfb/s6192/s222/moe_1732/201608/t20160818_275587.html。

110.《北京市教育委员会关于开展学习型城区建设监测项目工作的通知》，载北京市教育委员会官网，http://jw.beijing.gov.cn/xxgk/zfxxgkml/zfgkzcwj/zwgzdt/202001/t20200107_1563129.html。

111. 耿学超：《在纪念邓小平同志诞辰 100 周年会上的发言：坚持"三个面向"加快实现首都教育现代化》，载中华人民共和国教育部政府门户网 2004 年 8 月 19 日，http://www.moe.gov.cn/jyb_xwfb/xw_zt/moe_357/s3579/moe_90/tnull_3162.html。

外文参考文献

1. UNESCO, Reimaging Our Future Together: A Social

Contract for Education，2021，p.122.

2. UNESCO，UNESCO Learning City Award，https://uil. unesco. org/lifelong-learning/learning-cities/unesco-learning-city-award/award-2021.

3. UNESCO，UNESCO Learning Cities Commit to Boosting Learning for Health and Strengthening Resilience，and Call on National Governments to Make Lifelong Learning a Policy Priority，https://uil. unesco. org/lifelong-learning/learning-cities/unesco-learning-cities-commit-boosting-learning-health-and.

4. UNESCO，The Award Application Form，https://uil. unesco. org/sites/default/files/doc/lifelong-learning/cities/Award/3_gnlc_guidelines_natcom_20210428.docx.

5. UNESCO，SDG Resources for Educators——Good Health and Well-Being，https://en. unesco. org/themes/education/sdgs/material/03.

6. UNESCO，Reimaging Our Future Together：A Social Contract for Education，2021，pp.153—154，170—171.

7. UNESCO，Learning Cities：Drivers of Inclusion and Sustainability，https://uil. unesco. org/lifelong-learning/learning-cities/learning-cities-drivers-inclusion-and-sustainability.

8. UIL，Access the Multimedia Story to Learn more About the UNESCO Learning City of Damietta，https://unesco-uil. pageflow.io/gnlc-awardee-damietta#316570.

9. UNESCO，Strategy of the UNESCO Global Network of Learning Cities，https://unesdoc. unesco. org/ark:/48223/pf0000247785.

10. Rui X.，Wunsch D. I.，Survey of Clustering Algorithms，

3IEEE Trans Neural Netw, 645—678(2005).

11. Porter M. E., Clusters and the New Economics of Competition, Harvard Business Review, 1998, pp.79—80.

12. Martin Yarnit, Towns, Cities and Regions in the Learning Age: A Survey of Learning Communities, LGA Publications, 2000, p.143.

13. Norman Longworth, Making Lifelong Learning Work: Learning Cities for a Learning Century, Kogan Page Limited, 1999, pp.133—134.

14. Hutchins R. M., The Learning Society, The New American Library, Inc., 1968, p.165.

15. Ctibor Skuta, Petr Bartůněk, Daniel Svozil, In CHlib—Interactive Cluster Heatmap for Web Applications, 1 Journal of Cheminformatics 44(2014).

后　记

　　加快学习型城市、学习型社会建设,是深入贯彻党的二十大精神和习近平总书记关于继续教育与学习型社会建设重要指示的战略任务。在教育现代化浪潮的推动下,学习型城市的建设不仅成为提升国民素质、驱动城市可持续发展的核心动力,更奠定了通往学习型社会、迈向教育强国的坚固基石。本书通过深入研究和系统梳理国内外学习型城市建设的理论与实践,旨在揭示其发展规律和核心特征,为我国未来的学习型城市建设提供有益的参考。

　　在全球化与数智化交织发展的今天,学习型城市建设正面临着前所未有的变革与挑战。本书深入研究了联合国教科文组织等国际组织在本领域的引领作用,特别聚焦于全球学习型城市网络构建及"学习型城市奖"获奖城市的宝贵经验。对这些国际实践的深入探索,展现了学习型城市建设的多元面貌与复杂内涵,同时也为我国的实践提供了宝贵的国际镜鉴。

　　在国内,本书重点关注了上海、北京、杭州、成都等具有代表性的城市。通过详细的案例分析和数据解读,展示了这些城市在学习型城市建设方面取得的显著成就和独特路径。它们在政策支持、体制机制创新、资源整合以及平台建设等方面的积极探索,不仅为国内其他城市树立了可资借鉴的典范，也为全球学习型城市建设贡献了中国智慧与方案。

值得一提的是，本书在构建学习型城市建设与评价的理论框架方面进行了创新性的探索与尝试。通过综合运用调查研究、政策分析、文本解读及质性研究等多种科学方法，力求全面、深入地揭示学习型城市建设的内在逻辑与外在表征，为学习型城市评估与监测工作奠定坚实的理论基础。

本书得益于本人博士后研究课题《教育现代化视域下学习型城市建设的理论框架与评价策略》的研究成果，这一成就的取得，首先要感谢合作导师张钰教授与郅庭瑾教授的悉心指导，以及上海教育科学研究院与华东师范大学的联合培养。此外，本课题还有幸获得了中国博士后科学基金第 67 批面上项目的资助，为研究工作提供了重要支持。在课题研究与本书撰写的过程中，得到了张力、韩民、吴遵民、孙崇文、庄俭、陶文捷、闫鹏涛、张晨、顾晓波、郭扬、陈嵩、王振雷、林岚、黄健、宋亦芳、董奇、占小梅等多位领导、专家宝贵的指导和帮助，也得到了研究团队成员秦一鸣、赵华、游赛红、高晓晓、张硕等的大力支持，在此一并感谢。此外，本书在编写过程中，还参考和借鉴了诸多著作和文章，在此也一并向相关著作和出版社表示衷心的感谢。

尽管本书所进行的研究取得了一定的进展，但我们意识到，受限于资料获取和研究方法等方面的因素，书中还存在许多不足之处有待改进，恳请各位同行批评指正，亦希望广大读者不吝赐教。

展望未来，我们将继续努力，不断探索学习型城市建设的新路径。面对新时代的挑战与机遇，需要进一步深化理论研究，优化政策设计，完善体制机制，加强资源整合与平台建设，以提升全民终身学习的参与度和满意度。同时，我们也将加强国际交流与合作,积极借鉴国际先进经验,共同推动学习型城市建设的全球化进程。我们期待未来能有更多学者、专家以及社会各界人士共同参与到这项工作中来,为学习型城市的建设与发展贡献更多的智慧与力量。让我们携手并进,共同开创学习型城市建设的美好未来!

国卉男

2024 年 5 月

图书在版编目(CIP)数据

教育现代化视域下学习型城市建设的理论框架与评价
策略 / 国卉男著. -- 上海：上海人民出版社，2024.
ISBN 978-7-208-19197-6

Ⅰ. G52；F299.21

中国国家版本馆 CIP 数据核字第 2024GP5326 号

责任编辑　伍安洁
封面设计　一本好书

教育现代化视域下学习型城市建设的理论框架与评价策略
国卉男　著

出　　版　上海人民出版社
　　　　　　（201101　上海市闵行区号景路 159 弄 C 座）
发　　行　上海人民出版社发行中心
印　　刷　上海新华印刷有限公司
开　　本　890×1240　1/32
印　　张　8.5
插　　页　2
字　　数　182,000
版　　次　2024 年 10 月第 1 版
印　　次　2024 年 10 月第 1 次印刷
ISBN 978 - 7 - 208 - 19197 - 6/G · 2201
定　　价　42.00 元